陈建萍 著

橡树下的山居生活

壹嘉出版 旧金山

壹嘉出版
1 Plus Books
https://1plusbooks.com

书名：橡树下的山居生活
作者：陈建萍
摄影：陈建萍，林家俊（除署名者外）
© 陈建萍 2025

2023 1 Plus Books® 壹嘉出版®
Paperback Edition
Published and Printed in the United States of America
ISBN: 978-1-966814-13-9
All rightts reserved, including the right to reproduce this book or portions thereof in any form whatsoever. For information, address 1plus@1plusbooks.com.

出版人：刘雁
特约编辑：陆小芹
封面设计：王烨
定价：$19.99
San Francisco, USA , 2023
https://1plusbooks.com
email: 1plus@1plusbooks.com

目 录

序 1

橡 树 下

橡树下的山居生活　6
与臭鼬过招　13
养猫记　16
养花记　22
打扫卫生有感　27
捕鼠记　30
断电记　36
曼陀罗花　39
砍树记　43
种植记　50
雏鸟还活着　53
蛙鸣　57

我的动物孩子们

三只孔雀的故事　60
瞬间的生命　63
孔雀逃跑了　68
小孔雀的故事　73
三只小呆鹅　77
小鹅的故事　81
养鸽记　86
动物警察　90
啾啾　96
天鹅宝宝　102
鸡妈鸭宝　107
小鹿奇奇　107
好斗的小公鸡　115
小黑鸡　119

少管闲事　　122
鸡同鸭讲　　125
养鸡的悲喜　　127
好斗的雏鸡　　131
旱龟出走记　　138
山宅与鸟儿　　142
鹦鹉Bruce　　147
姐弟猫　　154
Coco小姐　　159
我家Lyla　　166
Lyla走失的夜晚　　170
告别Lyla　　175

疫情中的山居生活

疫情中的桃花源　183
我中招了　189
疫情中的婚礼　193
疫情中的小庭院　205
看病记　210
疫情种菜记　216
疫情被盗记　221
疫情中第一次购物　226
疫情闲居的日子　230
久违的雨　236
生活就是这个样子　240
百读不厌的承诺　245

序

  我是一九八五年来的美国,那年正好二十八岁。

  在美国风风雨雨几十年,一路走来,历尽沧桑。那些生活中曾经错过的和被错过的,常常让我觉得辜负了生活的本意。

  追逐我的梦想和初心,是想找回一个心灵的自由空间和自在的生活。

  人到了一定年龄,会特别想念从小生长的那个地方。那里有一些本真的东西让你始终无法割舍。我的童年是在大自然中自由自在地长大的。数不清有多少个放学后的日子,我背着大书包,沿着幽静小道,摘着花朵吸着花蜜回家。家边有一排随风飘曳的夹竹桃,周围是一片绿色的树林,林子边还有一个小池塘。在那里我捉过小鱼,练过小提琴,我捉

住小鱼又放回池塘,我的琴声在大自然中随性地发挥,充满着自由的想像。

长大后,漂洋过海,我走过很长、很远的路,就像走在梦中一般。回头一望,童年已成久远久远的记忆。

我常常会怀念我的童年,怀念最初我出发的地方。我一直希望自己能够回归恬静的田园生活,可以安放我这颗漂流颠沛的心。

2011年,我有机会和山宅结缘,我的心从此安定了下来。位于硅谷洛斯加托斯的山宅,占地300亩,背靠青山,360度美景,可步行下山至小镇,是我理想中的伊甸园。

我喜欢李银河的一段话,大意是说人活着只是一种状态,就像一条鱼,一棵树,一只甲壳虫。那么我们该如何面对自己的芝麻人生呢?她认为要以比较舒适快乐的状态度过自己的人生,也就是海德格尔的"诗意地栖居"。无论是物质生活、精神生活、情感生活,应该找到最适合自己的,最

舒适的、最诗意的,享受其最精华、最美丽的感觉。

　　山居生活是我的田园梦,虽然平淡安静,却是我人生中最美好、最惬意的时光。每天沉浸在大自然的怀抱中,感受一草一木的味道,享受与动物们近距离交流的喜悦,我的心开始沉淀融化并自由,心中的感动无以言说。

　　山中,我常常看见天空中展翅飞翔的鹰,但我更怜爱在山宅水池里找水喝,兀自歇脚的小鸟。我会想,小鸟休息是为了飞更远的路吗?还是庆幸找到了一个清静的禅境?

　　其实,最平凡的一个人,最普通的一只鸟,都有属于他生活的智慧。

　　我如踏沙拾贝一般,在平淡而自由的山居生活中,日日寻找,汇集着星星点点,俯拾皆是的小快乐。

橡树下

橡树下的山居生活

  山宅庭院有棵大橡树,每天落叶不止。我常常在清晨扫落叶,只为动动身骨。作家林清玄说过,第二天的树叶不会在今天落下来,所以只要把今天的树叶扫干净,人生就已经很完满了。

  我从没想过我会拥有一个山宅,也没有想过我会花十年的时间耗资耗力地打造出一个全新的山宅。每天我如蚂蚁搬家,蜜蜂采蜜一般,一点一滴做着自己想做的,最后呈现出来的结果让我喜出望外,或许这就是完满的生活吧。

  我清楚记得2011年正是湾区房产处于低谷时期,是买房的好机会。

  那是五月的一天,正逢大雨,房产经纪人带我和JJ来到山宅。山宅很大,有八千多英尺,占地三百亩。房子依傍着

山宅橡树

大山,周围一片空旷,看不见邻居。JJ一眼就喜欢上了。他说他喜欢山宅的青山,尤其在雨中有股淡淡的、朦胧的梦幻感。而且山宅离山下小镇很近,出行方便,生活在这里应该别有一番滋味。

可我当时眼里的山宅,四周全是大橡树,橡树林子因长期疏于管理,又脏又乱又野。山宅虽大,却不实用,里面有电影院、酒吧、台球厅、酒窖,卧室却只有四个。窗户没有窗帘,地毯也不是我喜欢的,白色的车库大门上还有十几年风雨侵袭留下的黑洞,总之山宅给我的印象是里里外外都是活儿。

看到JJ那么喜欢,我们最终还是买下了这座宅子。

一接手这个宅子,我便开启了改造山宅的计划,没想到一干就是十个年头。

最初,JJ建议我找一个总承包人(General contractor)。我便找了一个俄国人,他也是山宅的建筑师,说好他拿18%的

佣金。结果二个多月时间,他只帮我弄好了一个邮箱。按这样的速度,我实在等不起。

或许是无知无畏吧,我开始自己大动干戈,甩开膀子干了起来。我首先请人将屋内全部装上了百页窗,不然晚上睡觉像是露营,很没安全感。然后又请人将地毯全部换上实木地板,再换上全新的车库门,房子外墙贴上褐色的石板,窗户加了框,整个宅子一下厚重了起来,有了城堡的感觉,坚固而美观。

然后我便着手打造橡树林子。

橡树林子里,到处可见躺在地上的枯树和堆积多年的残枝烂叶。高高的橡树上攀爬着又粗又长的毒藤。老鼠在里面窜进窜出,偶尔还能看见树洞里盘踞的响尾蛇。一到夜幕降临,林子里面更是热闹,野狗、山猫及臭鼬成群结伴,拖家带口在里面玩耍。清晨又常常会看见一大群鹿在林间觅食,夕阳下,偶尔又会有一大群野鹿从窗前跑过,像是千军

万马,场面轰轰烈烈。

要清理这又脏又野又乱的原始山林,墨西哥工人绝对是最佳人选。他们年轻能吃苦,又懂砍伐,动作快捷。我便聘了一个墨西哥工头,告诉他我的想法。然后他带领了一个团队,花了几个月时间,不仅帮我清理了橡树林,还帮我在山宅的后山上开出了一条山路,可供我和家人漫步闲游。我原本以为山宅周围的橡树林到处是悬崖陡坡,一不小心就会掉下山去。清理完的林子,让我见到了橡树林的庐山真面目,山林虽有高低起伏但不失平坦,我可以在这块山地上实现我的田园梦,做许多有趣的事情。我欣喜地发现又脏又乱又野的山宅竟是一块可遇而不可求的风水宝地。

我决定打造一个我心目中的伊甸园。

我找到了湾区设计师吴家松先生,他曾是广州白天鹅五星级酒店的设计师之一,他的专业就是园林设计,是一个非常有经验,又负责的设计师。我俩沟通决定不做精致的人

工园林，而是因地制宜，打造一个尽可能展示山宅的自然和野性的山林景观：1) 通过树木包围房子，房子掩映树中，让山宅有一种隐秘感。2) 利用地形起伏，让植栽产生层次，高有落叶橡树，低有常绿灌木，下有草坪花卉。3) 山有水则灵，所以喷泉瀑布锦鲤池的点缀必不可少。4) 要有一些累了有处可坐，坐了有物可看的有情趣的设计。我和吴先生一拍即合，立马签下合同，施工队便进了场。

第一眼见到施工队，我的心凉了半截。团队一共才五六个工人，平均年龄六十有余，走路、说话、行事都是慢慢吞吞的，和先前风风火火、浩浩荡荡的二十多人的墨西哥工人团队相比，感觉是两代人啊。

更让我叫苦不迭的是，这帮中国工人不仅动作慢，而且收工还很早，因为他们都住在旧金山，来回二小时车程，需要避开堵车时段。我担心这要干到猴年马月啊。

没想到这些中国工人虽说年龄大，动作慢，下班早，

但个个身怀绝技。有手艺精湛的木工,会造假石的石工,样样精通的包工头到种植花木的女工,每个人分工明确,认真负责,慢工出细活,几年下来,山宅在他们的打造下日新月异。

我又养起了一群动物孩子们,山宅有了它们的声音,生活更是充满热闹和情趣。

如今的山宅,青翠的山峦围抱着一个偌大的宅子,宅子前门,瀑布倾泻而下,池中又有锦鲤成群,周边花木环绕。而宅子的后院,大橡树下漂着大大的木板阳台,阳台上可眺望山下远景。拾阶而下,一路果树花木,再走进一片林子,林中有孔雀、黑天鹅、雉鸡们,还有菜园,山宅呈现出一派宁静、古朴、幽邃的田园风情。

不知从何开始,我喜欢花花草草胜过包包和首饰。无论生日还是情人节,我不要美食和礼物,只要家人陪我种鲜花。

儿子和JJ曾为我的生日精心制作了一个视频,视频上的照片告诉我曾经年轻过的那些岁月,那些美好,那些不再有的青春。

但我告诉自己,花有重开日,人无再少年。记得自己曾经演过一个小剧"妈妈的丝巾"。丝巾是父亲买给母亲的礼物,母亲却一直舍不得用。不曾想还未用便患癌症去世了。有句话说得好:"再也不要把好东西,留到特别的日子才用,你活着的每一天都是特别的日子。"

山居的日子记录了我生活中美好的点点滴滴,弥足珍贵。但每一次的美好终究会成为过去,犹如庭院的橡树落叶,过去的不会在今天再现,今天的也不会明天重来。

山居生活是我选择的一种生活方式,一种生活态度,我希望自己能快乐地活在当下,努力去保持一种豁达的情怀,一种诗意的空间,一种美好的向往,让平凡的日子有花有月有楼台,才不会辜负这短暂而有限的人生,因为我们永远不知道明天会发生什么。

与臭鼬过招

每次看见臭鼬,我就会回忆起那天的情景。

我永远也忘不了那天家里弥漫的一股熏人臭气,那是一种无法形容的臭!无论开窗开门通风,还是喷香点烛,那臭气似乎无孔不入,丝丝密密地布满了各个角落,熏得人头晕恶心。我怎么也想不到,斯文的JJ会去招惹臭鼬,和臭鼬过招,最后狼狈落荒而逃,还一路带进家门那躲也躲不过的臭鼬屁!

参战的还有我家爱犬Lyla。

Lyla也是一副十足的狼狈样。惊慌失措的眼神,吓得失禁的小便,更可恨的是它的身上,以及它带进来的弥漫到整个车库的该死的臭味!

　　JJ和Lyla让我联想起了西班牙著名作家塞万提斯笔下的唐吉诃德和随从桑丘这两个又疯又痴的人来了。

　　JJ就像那充满正义但又不自量力的唐吉诃德，而狼狗Lyla则像他那忠实护主的仆人桑丘。

　　事情经过是这样的：傍晚JJ带着Lyla出门散步，正好与臭鼬狭路相逢。Lyla为保护主人，勇敢地狂吠着冲向臭鼬，而臭鼬根本不将它放在眼里，继续不紧不慢地走自己的路。JJ看着不爽了，顺手抄起一根木棒，冲向臭鼬，不料他刚抡开木棒，臭鼬便翘起尾巴，用它的秘密武器臭屁，喷了JJ和Lyla一脸一身，他俩顿时战斗力尽失，连回手反击的机会都没有，最后臭鼬以少胜多，以小胜大，以弱胜强，一个臭屁就一招取胜，然后以胜利者的姿态得意洋洋走向丛林黑暗之中。

　　当时JJ的双眼已被臭屁辣到看不见任何东西，只能跌跌撞撞带着Lyla摸回家去，路过喷水池，也不管水是否干净，一个

劲地往眼睛上撩,那一刻他以为自己的双眼被喷瞎了呢。

然后他跌跌撞撞冲进家门,脱了臭气熏天的衣物让我处理,自己一头钻进浴室大洗特洗,洗了半天仍除不了那一身臭气。

我捏着鼻子将衣物浸泡在水桶里,顺便为Lyla洗了澡。洗完的Lyla和JJ仍臭气熏人,熏得我脑子发晕,感觉自己身上也开始臭了起来。

一整晚,被臭气熏醒好几回。

早晨起床,家中仍弥漫着熏人的臭味。有朋友告诉我,这臭味十分难除,至少得臭上一个多月!

我叫苦不迭,这臭鼬的臭屁竟如此阴毒难散!

由此,我也明白了一个道理,人绝不是自然的主宰,人和自然的关系必须相互敬畏包容,才可互相和睦共存,否则即使小小的一个臭鼬,你也赢不了它。

养猫记

我心血来潮,指望领养几只流浪猫,让它们在山宅展开灭鼠活动。

那天,一位姑娘送来了四只流浪猫,她是爱猫人士,每年都自掏腰包拯救许多无家可归的流浪猫。

她送来的四只猫,分别取名为东东、南南、西西、北北。

西西和北北长得很像,身上有黑白或灰黄色条纹,瞪着圆圆的双眼,十分警觉的样子。东东和南南身型大些,毛也长些,是杂交的大花猫和大灰猫,四只猫都是一副拒人千里之外的姿态。

来人说,和人亲近的流浪猫,她是不会给我的,它们需要在主人的呵护下,享受宠物的安逸舒适的生活。而送我

的这四只流浪猫属于喂不熟的主,好吃好喝伺候了一年,却始终对人持有高度的警惕性,亲近不了人,这才将它们送我,允许我将它们在野外放养。

她又说,即使这样,前二个月还得关养,等它们熟悉了山宅周围的气味,才可放养;而且即使放养,也得在室外备足猫粮和水。

我听从她的吩咐,将二只大花猫和大灰猫放在了室外棚内,四面都有木板围着,猫无法出逃。棚内准备了毯子,猫厕及食物和水。另外二只放在鸡室内,同样准备了猫的一切必用物品。

一切就绪。但送猫人仍不放心地里里外外检查了一遍,并亲自动手将砖头、木板封实了一些小缝隙,她说猫骨如水,再细小的缝,也是能钻出去的。

四只流浪猫开始在山宅安顿了下来。

我每天好吃好喝伺候着,期待它们熟悉了周围环境

后，在山宅发威捕鼠。

四只流浪猫几乎和人是零交流，只要我一凑近，便上跳下窜，惊慌失措地逃避。我也不敢碰触它们，感觉它们对人很有敌意，会咬人似的。心想这也好，和人不亲没关系，抓住老鼠才是目的。

两个月终于熬过去了。

我先将大花猫和大灰猫从棚内放了出来，并将门打开，以便它们自由出入。棚内仍备有食物、水及猫厕，而且还可遮风挡雨。

大花猫和大灰猫获得自由，就此不见了踪影，只是每天食物的减少，让我觉得它们仍在周边。

住在鸡室的西西和北北，我没有放它们去野外，因为发现这两个家伙虽然不亲近人，但与鸡，鹅，孔雀们却相处和睦，互不侵犯。那些日子，因为有它们在，鸡室的老鼠少了许多，鸡食盆里不再看见老鼠偷吃后留下的黑屎了。

可惜时日不长，某天西西和北北趁我没注意，溜出了没关严实的鸡室门，从此也不见了踪影。

那些日子，我总觉得这四只流浪猫就在身边活动着，因为我放的猫食每天都有被吃的迹象。

又过去了几个月，虽然我每天加食换水，但四只流浪猫从未出现在眼前。

一天，发现棚外周围出现了大群苍蝇，还有臭味，里面黑呼呼的也看不清状况，拿了手电一照，才见有个野物被夹死在一个铁箱下。费了好大劲扒拉出来，发现是只猫，一惊，赶紧凑近，又松了口气，是只不知从哪来的黑毛野猫。

日子一天天过去了。买的几大袋猫粮开始空了，猫食盆天天有被光顾，我心想只要这四只猫在周边活动，老鼠就会逃得远远的，也挺好的，四只猫见不见面，已无所谓，只要它们安好便是。

一天，终于在猫食盆边看见了一个背影，我喜出望外。

　　悄悄近前，却感觉啥地方不对劲，这猫的尾巴怎么短了一大截？又见那张脸慢慢扭转了过来，直直地瞪着我，我的心一下落到了冰点。

　　那分明是一张狰狞的山猫脸啊。

养花记

以前,我常抱怨花这玩意儿太娇贵,像林黛玉般娇柔,很难侍候。一遇风雨,许多花儿即刻零落成泥碾作尘,不堪入目。

抱怨归抱怨,我还是蠢蠢欲动,在山宅种起了花。

山宅种花困难重重。因为山宅大多斜坡,花扎根比平地要艰难。再加土质贫瘠,最初种的一些花,几乎全军覆没,所剩无几。

另外,山宅也是野鹿出没之地。许多花种下后,几日前还一片欣欣向荣,锦屏春暖的景象,没几日便秃头乱枝,惨不忍睹。本以为玫瑰带刺,鹿不会吃,就栽了一片。不料鹿们好像长了铁嘴一般,连花带枝叶,啃个干干净净。我只得又重新种了一片玫瑰,并为每棵玫瑰围上一个铁圈,这才

女人与花

陈缦 摄

免遭鹿的踩躏。

后来买植物，总会先看一下说明，若注明鹿不吃，才敢买回山宅种下。

买多了，开始知道大多数紫色的花，鹿是不碰的，我便种了许多迷迭香，山宅顿时紫绿一片。

但我仍感觉山宅的调子太暗些，有点儿单调，便又添了黄色的菊花。后又发现君子兰喜欢半阴半阳，便试着在林子里种了几十盆君子兰，竟然长势喜人，一到四月，金黄一片，在山宅的林子间像素描中的高光，成了最亮的一块。

有一段时间，我买了各种惠兰养在室内，时间久了，就开始败落，又舍不得扔了，干脆连盆放在山宅林间小道旁，让其自生自灭。没想几年过去了，也许是吸收了山野阳光雨露的精华，如今年年花满枝头，白色、浅绿、粉红、桔黄，五颜六色很是雅致诱人。

这些年，虽然山宅不易种花，又要防鹿的破坏，我还

是忍不住陆陆续续地种上了茶花、桂花、梅花、芍药、非洲菊、天竺葵、鸢尾花、百合花、长寿花、三角梅、绣球花、大杜鹃、雏菊以及许多叫不上名的花儿。

这才发现花儿开在属于它们的季节和环境里时,的确十分动人。

时间久了,对一些比较大众的花儿习性,有了最感性的认识。

比如桂花、茶花、杜鹃、绣球不能太晒,让它们生活在半阴半阳的地方,只要有水有肥便能存活。芍药、鸢尾、水仙、百合等球根类的花,地下一埋,来年春风雨露,它们便欢欢喜喜地钻出地面,遍地开花。而非洲菊、红梅、玫瑰喜阳,只要有足够阳光、水和肥,便越长越旺。

而这些花儿中,最让我中意的则是雏菊和天竺葵。

雏菊不如牡丹、玫瑰以及其它花儿们那么鲜亮,艳丽,却几乎不需要打理。我不记得我曾买过雏菊,不知是哪

阵风吹来的花籽,这些年它们在山宅的队伍越来越庞大。房角边,喷水池边,石缝边,台阶边,花盆边,果树边,边边角角到处都是它们可爱的身影。

而雏菊在神话里,是由森林的精灵转变来的。它意味着"深藏在心底的爱",就像一位纯洁害羞的少女,虽然不是那种立刻会吸引住人们目光的女子,但是,越细看越能发现她的清纯、可爱和快乐。无人问津的它们在山宅兴高采烈地怒放着,随风晃动,丝毫不在乎别人的眼光,只以顽强的生命力到处扎根,默默绽放。

天竺葵则省钱省力又省心,且四季开花,我对它情有独钟。

在古老的传说中,天竺葵是上天的恩赐,它的花香可以驱除恶灵,慰藉一颗落寞的心。

其实,我以前并不曾注意这种花,只是偶尔一次去花店,身边一位老人指着天竺葵告诉我,这花皮实,一插便

活。我试种了一些,果不其然,成活率极高。我把红红、白白、粉粉的天竺葵扦种了一大片。因为有了天竺葵,从此,一年四季山宅都有花儿看了。

我不再抱怨花的娇嫩和难养,它们已是我生活的一部分。从某种意义上讲,花儿们就是对生命的一种肯定,从辛苦养花的过程中感受花儿的美好和生命的意义,是一种幸福。

花开花落,暑往寒来。

花无言,花尽知。

打扫卫生有感

要过年了。按惯例家里要大扫除一下,而且是里里外外的。

也许湾区的中国人多,又都守着老规矩,这几日来,清洁工的生意红火极了。

按平常,来我家的清洁工至少四至五人。可今天只来了两个。老板一大早送她们上门,一脸抱歉说这次只能这样了,让她俩在我家工作时间长一些,打扫干净再离开。

我心里明白,这一天我都得陪上了。原来计划的瑜伽,看画展,买水果,统统取消。自己也换上一身劳动服,围上围裙,套上袖笼,加入了她们的行列。这两个老墨不会英语,我与她们的交流与合作完全靠我的挤眉弄眼,以及夸张的手势。生怕她们两人干四人的活会太累,我不停地给她

俩递茶送水果和上好的点心,除此外,还有一人一份的过年礼品。

两个墨西哥女孩,一脸的朴实、厚道,给什么都开心地接受,干活仍如往常不紧不慢,边笑边聊边干着。她们每干完一处,我就检查一遍,有漏的地方,自己就拿一块抹布或扫帚补干一下,省得费口舌。总的来讲,这二女孩挺尽职的。她们爬上爬下,脸上笑容灿烂。我在一边转悠,和她们一起忙活着,心中不由叹道,今天我又虚度了。

歇下时,顺手打开微信,其中有一转贴吸引了我。讲的是闲读岁月,静品流年。文章的内容除了教人乐于知福、静怡、读书、饮酒、赏花、玩月、观画、狂歌、高卧,竟然还教人乐于扫地。文中道:"斋中扫地,不可委之僮仆,必须亲为。当操箕执帚之时,即思此地非他,乃我之方寸地也。此尘埃非他,乃我之沉昏俗垢也。一举手之劳,尘去垢除,顿还我本来清净面目矣。迨扫完静坐,自觉心地与斋地俱皆清爽,何乎如之。"

没想到打扫竟也是学问,而且是门人生哲学。

打扫后的屋子就是不一样,窗明几净,让人感觉特别轻松畅快,的确是一种洁净的享受。

我想今日其实并未虚度,打扫还将是我日日的功课。

捕鼠记

自从养了鸡和孔雀,和老鼠狭路相逢几乎成了家常便饭。但在它们面前,我绝对弱智,奈何不了它们。常常看见老鼠在果园菜园花木草丛中乱窜。特别是晚上在鸡屋里偷吃鸡食,见我便窜上房梁趴着不动,只拿眼睛骨碌碌地瞪我,不躲不逃,好像在对我说:"抓我啊,抓我啊,有本事就抓住我啊!"当我抢着棍子追了上去,它们又"刷"一下钻得无影无踪。

刚开始还有些慈悲心怀,再厌恶它们也不曾动杀心,吓唬吓唬便是。

可老鼠并不理会我的手下留情,它们似鬼子进了庄,开始在山宅安家落户,繁殖衍生,并实施了一系列的破坏活动,一时鼠患成灾,令我叫苦不迭。

先是偷吃孔雀和鸡的食物。

以前我只让工人将食物放在几个自动调节的食桶里便可喂上一周。后来有些不对头了，食物没有两天就吃完了，走近一看，桶沿边上多了许多黑黑的老鼠屎，四处还多了些老鼠洞。我只好开始将喂食变成了每日功课。好在不算太麻烦，只要食物往地上一撒，鸡们、孔雀们便争相吃食，我还能心平气和地面对。

后又发现这些坏家伙开始在车库里偷吃狗粮，白吃了不算还要白拿，并将狗粮藏的到处都是。柜子里，纸箱里，角落里，有一次竟发现拖鞋里面也藏着狗粮，赶紧扔了拖鞋，再将狗粮迅速转移坚壁了起来。

到了冬天，这些贼头贼脑的家伙又钻进了汽车箱盖下做窝取暖。JJ一辆崭新的M6宝马跑车给搅得乱七八糟，甚至还咬破了零件，最后不得不去修车厂修理，十分头疼。

门前的花木，菜园的蔬果，果园的水果它们也没放

过。精心施肥种植浇灌出来的繁茂景象没几日便被破坏得七零八落，凋零不堪，气得我直咬牙。

最后它们竟然合伙开始攻击起小动物。

一棵小树上有一只正在孵蛋的小鸟，鸟妈妈精心做了一小窝，天天安安静静趴着待宝宝们出世。每日我都蹑手蹑脚地在它身旁忙活，尽量不打扰到它，结果发现鸟儿某天半夜里被活生生吃了，只剩一对翅膀，鸟蛋也碎了一窝，惨不忍睹。

后又有鸡莫名其妙地死去，发现又是老鼠干的活。

最可恨的是，我刚买的六只牡丹鹦鹉（love birds），放养在菜园里，每日去菜园，看着五颜六色的小鸟飞来飞去，叽叽喳喳很是养眼。可没几天便统统被咬得尸骨全无，最后仅剩的一只，还是因为我单独养在家中作为buddy才幸免于难。

是可忍，孰不可忍！

我立誓要为无辜的鸡们、鸟们报仇雪恨。

决定采取行动了。

先是找了灭鼠公司的人来。却说山太大,很难抓的。临走只留了几个盒子放在室外,里面有毒药。结果毒死的老鼠引来成堆的苍蝇,恶心至极,感觉不是个办法。

放弃毒药,买了一种专门抓老鼠的黏胶板。开始还挺灵的,黏上了一些小老鼠,可对大只的老鼠效果一般。好不容易黏上一只,竟生生挣脱逃走,板上留下一根又粗又大的光溜溜的尾巴。以后老鼠学精了,它们会将黏胶板上弄上土,然后搬到一个角落,不再上当了。

后有朋友发我一视频。有人在一个塑料桶里存上水,桶的边沿做上一木头机关,机关上放几粒花生米,只见老鼠们鱼贯而入,然后扑通扑通一只只掉进水中挣扎,很解气的样子。

朋友喜欢木工,又爱动脑子,自告奋勇帮我做了一些机关,我试了一下,每天的确能逮上一两只,却没有视频中

那么神,而且中计的都是些小老鼠,还得另想办法。

终于JJ在店里发现了一种圆形的黑色诱夹,夹子不大,只要张开口,在诱夹中间的圈内放上花生酱便可诱鼠上钩。

真的灵光!

三天内,逮到了十只硕肥壮实的大个老鼠。有些头被圈牢牢夹住,夹子已摔出原地,看不见死相。有些还活着,吓得吱吱乱叫。有一只夹着了后腿和尾巴,挣扎了一夜,尾骨挣断了也未逃脱。这时,它们平时神气活现的贼样一扫而空,看着它们魂飞魄散的样子,想着为鸟儿、鸡们无辜的冤魂抱了仇,我心里真是太解恨了!

断电记

日子流水般从指缝中溜走,一眨眼几年中已经历了三次大火。

第一次大火就发生在山宅对面的山背后,近得仿佛触手可及。清楚记得那天浓烟滚滚,遮掩了半个天空,令人胆战心惊。

后来的大火离山宅只相隔一英里地,因有高山挡着,只呼吸到呛人的浓烟味,心中竟无逃离之意。有朋友来电话问我,万一大火烧到山宅,你第一件事会做什么?我毫不犹豫地说"救动物"!在大火威胁下,一切都是身外之物,唯有生命最宝贵,动物也不例外。

为了防止山火蔓延,山宅断了电,此时才知黑暗的恐惧。因为黑暗中藏着各种未知。未知是否有人会在暗夜里乘火打劫，未知是否有野兽在黑暗中出没山宅林子，未知黑灯瞎火中是否不小心会撞到什么，因为未知，又在黑暗里无所事事，满脑子都是些胡思乱想，随之又涌出来那些个鬼故事，不由屏气蹑踵。

听见黑暗中有公鸡的打鸣和鹅的叫唤，家犬Lyla也不安地跟着狂吠。看起来动物和人一样，也是有恐惧感的。

这次断电，平时收集的各种蜡烛都派了用场，想想古人秉烛夜读，不由心生佩服。我可只能秉烛夜游，那烛光实在太过昏暗，捧着的书我是一个字也读不了。不过暗夜中的摇曳烛光还是给人以希望和温暖。

硅谷竟然有断电的时候，过去想想都是不可能的事！以断电来防火，怎么讲都是权宜之计，而我却不得不开始考虑为山宅备一个发电机，黑灯瞎火的生活还是有诸多不便的。

有朋友在黑暗里打趣道："日出而作，日落而息，休养生息，还挺不错。"据说她的小孙子平日里都要玩到晚

上十点多才上床,这些日子八点便早早入睡了,省了大人不少心。

电终于又回来了。

体验到黑暗的未知,才知光明的宝贵。

曼陀罗花

深秋染霜,满地落叶的季节,缦儿邀我去她家赏花。

这是我第一次去她家。

她家离我山宅不远。进了她家的街道,在街的拐角处,我一眼便捕捉到了她的家,那一片五颜六色花朵拥抱着的房子,是不可能错过的。

我沿着墙角往院子走去,小径两旁各式花儿们争相吐艳,有娇艳欲滴的香水玫瑰,诗情画意的秋菊,热情奔放的三角梅。我惊叹深秋时节,竟然还有如此春意融融的庭院。

而最令我印象深刻的是有着天使号角之称的曼陀罗花。

缦儿家的曼陀罗花开得很盛,一串串线条优美地向同一方向弯垂着,在阳光下闪耀着不同层次的色彩,有粉色,

金色和白色。

我托起一朵白色的曼陀罗花,是一种透明的纯白,摸上去丝绸般柔滑,并散发着一股熏人的香气。它以独特的方式向我展示着惊人的美丽。

身边有朋友提醒说,曼陀罗花有毒!

缦儿则不以为然说,曼陀罗花也有麻醉功效,只要不误食,无碍。

我好奇上网查寻,方知曼陀罗花原产于印度,在中国被称为"佛教的灵洁圣物",而这样的灵洁圣物竟然全身都是毒,据说短时间内可以毒死一匹马!

曼陀罗花因花色不同,还有着不同的花语,诸如紫色是恐怖,蓝色是诈情,粉色是适意,绿色是希望,金色则代表着天生的幸运儿,白色是天上开的花,见此花者,恶自去除;红色是血腥的爱,黑色是不可预知的黑暗等等。

　　缦儿是懂花之人，她选择的粉色，金色及白色的曼陀罗花都是寓意美好的色彩，而且三种颜色搭配也非常和谐自然，庭院因有了它们而熠熠生辉。

　　每个人一生中都会有些遇见，这次的遇见让我认识了曼陀罗花。传说中这种花住着一个小精灵，它可以帮助你实现心中的愿望，但有条件来交换，那就是你得用鲜血来浇灌花朵。

　　我认识的朋友中，爱花者不少，大多会选择牡丹，芍药，玫瑰，杜鹃之类，曼陀罗花则鲜有人问津。这种花让人又爱又恨，爱它天使的美，恨它恶魔的毒，而缦儿的庭院种满了一片曼陀罗花，她可真是个敢爱敢恨之人！

　　抬眼细看，只见缦儿种的曼陀罗花，枝干个个粗壮有力，花朵饱满圆润，叶子肥厚碧绿，我相信缦儿是以心血浇灌着它们。

　　我想缦儿喜欢曼陀罗花，一定有她的道理，或许她喜

欢曼陀罗花那梦幻而神秘的感觉,或许她心存着一些美好愿望,正等着小精灵——帮忙实现?

临别时,缦儿帮我剪了三枝不同色彩的曼陀罗花,让我带回家扦种,同时又利落地剪了一捧紫色玫瑰花,让我回家放花瓶中欣赏。

紫色玫瑰花十分高贵冷艳还带刺,相比之下,曼陀罗花则显得美艳自由和热情。

夕阳落山了,最后一点光影渐渐消失在天边,我彷佛看到夜空中静静飘来一片曼陀罗花,它们给你欣喜,给你忧伤,给你感动,给你期望。

砍树记

　　山宅的一些大树，年年争相开枝散叶，犹如一座高高的树墙耸立在窗外，它们虽然好看，却遮拦了窗外一片景色。

　　山宅的野生大树无外乎两种，橡树和月桂。许多橡树都是百年老树，树的造型非常奇异秀美，这些树没有加州政府的批准，是不可以随便乱砍的。在当地美国人眼中，家中有橡树就像拥藏珍品，可我觉得橡树挺让人头疼的，四季落叶不说，还常常掉果，并分泌出黏糊糊的黄色液体。有了它们，山宅没有一日是消停的，天天有清理活干。而月桂的叶子是带有特别香气的，许多人用来炖肉吃。不过这种树长势太猛，每棵树都争相出头，它们和橡树相依为邻，严严实实造就了一片植物群落。

　　我和JJ下决心要好好收拾它们一下，还我们一个开阔的

山宅小径

窗外美景。

JJ选中一家树公司。老板名叫Manny。他高高个子,头发剪得短短的,身着紧身黑色T恤,样子十分干练利索。JJ领着他在树群中绕了一圈,说好大小树共十四棵,来六人干二天,价钱八千美金,外加保险,听来是个不错的交易。

那天早晨,三辆庞大机车进了山宅,工人全是墨西哥小伙子。他们一下车便四周转悠,看见树上的果子便摘了往嘴里送,懒懒散散地等着老板Manny派活。此时,太阳已斜挂天空,热气开始逼人。

Manny来了。他迅速派完活后,一溜烟开着车跑了。六个工人私下嘀咕一阵,便开始一起围攻起一棵大橡树,此时已过十点半。

橡树非常高大,多亏一辆升降机运行自如穿越在树杆之间。一个工人边操作升降机,边举刀修理起残枝败叶来。而下面有二人配合他清理着地面。另三人,在大树另一头干

活。其中一人如猴般灵活地穿越在树杈之间，挥刀砍乱枝，另二人也是在地面上配合清理，活干得不紧不慢，但十分有序。十二点半，他们停止作业，开始休息吃午饭。我觉得下午他们若再干上四五个小时，清理完一半树木应该不是问题。

　　他们整整休息了一个时辰。开始分成两组各干各的了。我和JJ只将注意力放在升降机那一组。随着升降机的上下起伏，许多挡景的繁枝茂叶开始稀疏，透过枝叶已隐约看到一些远处景观。突然，一声口哨，这些工人立刻停止了工作，开始收拾家什准备收工回家了。我一看时间，才三点半。数了数清理过的树，才四棵！如此早收工，剩下的十棵树第二日怎可能完得成？我心中着急，拦着他们问。他们回答工作量比想象的大，让我第二天问 Manny 去。然后陆续跳上机车扬长而去。

　　我顿时觉得上当受骗了，忙和JJ商量对策。

　　JJ倒沉得住气，他说这是家正规公司，应该不会乱来。我说看情形明天根本完成不了，这不明摆着要加钱吗。JJ很有把握地说："他们明日必须完成，而且我们不会加一分钱的。"我一头雾水，心急无奈。JJ见状，宽我心说此事由他负责到底。

　　接下来，JJ电话Manny，告知工人四点不到已收工，工作时间四小时不到。那头Manny没有多话，只说第二日他会来。

　　第二日大早，六个工人就来了。可惜只有二辆清理树枝的机车，升降车没来。我心一下凉透了，心想靠六个工人上树砍枝，这要干到何时？

　　九点多钟，Manny到了现场。他很有经验地查看了工人清理过的树木，告诉我们橡树不宜砍树头，也不能截枝太多，对橡树健康无益。而月桂的树头可砍掉，景观效果将会大为改善。说完便转身吩咐六个工人当日必须清理完十棵树，而且现场要打扫干净到我们满意为止，并无一字提到加钱。

　　因为没有了升降机车，工人们开始用最原始的方法上树。我注意到两组人中只有两人是负责上树砍枝的，其余的都是打下手。我的好奇心上来了，干脆观察起他们干活来了。

　　这一看便见端倪。原来十棵树对墨西哥小伙子简直易如反掌。只见两个小伙子在腰间套上绳索，刷刷上了八棵月桂的其中二棵，砍掉树头，然后坐上树间，用长长的弯刀开始向四周的月桂开刀，不一会八棵月桂的树头统统落地，大片景色跃入眼帘。一看时间，也不过是二个多小时。中饭休息照常一小时。然后开始清理二棵大橡树，这两个小伙子像猴精似的，在树杆之间上窜下跳，其中一个还边干边高歌着，干得十分欢快。倒是那些清理地面的工人们，搬来运去十分辛苦。

　　第二日也不过五个多小时便完了工。

　　我闹不明白了，这些工人们究竟唱的是哪一出？

  还是JJ明白。他告诉我说墨西哥工人头天偷懒，原因是不想为公司多干，因为干得快，派活就会多。而Manny心中自然也清楚得很。但他既然报出了多少价，就要求他们干多少活，和他玩没戏！

  姜还是老的辣。墨西哥小伙子们终究没有斗过美国老板！

种植记

俗话说,一分耕耘,一分收获。此话在我身上恰恰相反。有些事,我非常努力地耕耘,却是事与愿违,收获甚少。

就拿我的果园和菜园来讲吧。从买果树、菜苗到种植、施肥,再到隔三差五地浇水捉虫,精心侍弄,几年下来,种的果树仍不见长,有些甚至越长越小。果实累累已不敢想了,一棵树上挂几颗果子,已是不错了。有一年,一棵枣树上竟然只结了一颗枣,摘下舍不得吃,塞进JJ嘴里,他说甜是甜,只可惜太少了。葡萄种下,只看见茂密的藤枝绿叶四处乱窜,几串葡萄可怜巴巴隐在其中,却又小得可怜,连塞牙缝都不够。

菜园子更是一片荒凉。我每年换新土,种上菜苗和瓜

春满山宅

秧,日日浇水,仍长得一副不死不活的萎靡样。而且常常还有鸟儿和野兔来光顾,更是雪上加霜。曾逮到过两只小鸟和一只小野兔,虽然它们糟蹋菜园让我心痛,但罪不至死,最后将它们统统送到山下公园放了生。

平日里同样爱好种植的朋友,在朋友圈里晒成果,那丰实的蔬果照片,看得我心里痒痒。

近日有朋友前来指导,说我的地是山地,需加倍施肥,换土。而且地是需要养的,先不忙种植,养熟了的地,方能种出好东西。

看着自己辛苦劳作的土地,如此不景气,心中不免有些气馁,看来农民也不是那么好当的。

一边的JJ心疼我说,菜园关了算了,果园任其自然罢了,这些力气省省也好,看你整天忙得灰头土脸,又无收获,何苦呢?

这天,在家中庭院闲逛,瞥见一棵黑莓爬在墙上,长

势甚好,像是野生的。我对它从未上过心,也不曾施肥加土,甚至还有铲除它的念头,但因根深又有硬刺,就由它去了。只是给它搭了个架子,让它往上爬着绿化一下墙。不料今年却结了许多果,大而鲜甜。摘了一些给JJ品尝,他也十分喜欢。

我心里不由感叹,这真是有心栽果果不结,无心插莓莓成荫了。

雏鸟还活着

六月中,连续几天在给庭院的花儿浇水时,身边都会传来"叽叽喳喳"的吵闹声,放下水壶,四周找寻,声音却一下又安静了下来。

又转回去浇花,那声音又闹了起来,近在咫尺,却无法寻见。

抬头又见一只冠蓝鸦(Blue Jay)在大树丛里上窜下跳,"喳喳"叫唤着,感觉有东西在威胁着它。

看看四周,没有异常啊。

几天都是这个情况,声音时不时从一个隐密角落里传来。

终于发现了传出声音的角落了,原来是冠蓝鸦在阳台下的遮阳木架和花藤之间用枯枝搭了一个小小鸟窝,在窝里

孵出了几只小雏鸟。

我从阳台高处向下伸头探去,只见窝搭得十分隐蔽,黑乎乎的。我只能踮脚从阳台栏杆往外吃力探身,但仍看不清楚。最后拿了手电来照,才隐约发现有三个光秃秃的小肉球趴着,闭着双眼,小嘴尖尖的。一闻动静,三只小嘴便鼓得圆圆的,开始讨吃。

当我正瞧得来劲,那冠蓝鸦又来了,上下跳跃,在我身边急得"喳喳"大叫,我赶紧退回屋去,不敢继续打扰。

那几日,我每天乘冠蓝鸦出外觅食时,就溜到阳台踮起脚尖,伸头去看三个小家伙,只要我一有动静,它们就张大嘴要吃的,甚是好玩。

后来看乏了,也就不管它们了,偶尔看见那只冠蓝鸦在大树和阳台之间飞进飞出,知道小家伙们一直被照顾着。

近日,好像不曾再见那只冠蓝鸦身影,以为雏鸟已长大离窝,便去阳台向下探视,却见三只雏鸟趴在窝里一动不

动,安静得出奇。

好奇心上来了,我搬了一小梯,想探一下雏鸟的究竟。无奈梯子短了一些,踩到最高处,仍需仰头看窝。我只好用手探个究竟。先摸着了肉肉的小身体,已长出了小绒毛,接着摸到了尖尖的嘴,紧闭着。但无论我怎样触碰,几只雏鸟却是一动也不动,心里不免一惊,心想小鸟们饿死了?那鸟妈妈也太不负责了,竟会弃巢而去。转而又想它会不会发生了意外?我曾经在莲花池里捞出过一只因喝水而溺亡的冠蓝鸦。

我急急叫来正在干活的老墨工人,想借他的身高,帮我探个究竟。

可惜这位老墨一句英文也不会,他看一眼不说话,我想完了,小鸟们死了。我们开始了身体语言交流。我先闭眼用手做了一个睡觉状,后觉的不对,马上又翻了几下白眼,问他小鸟是否死了?他却对我展开双臂做了翅膀拍打状,我又指指耳朵,诧异为什么没动静?他干脆伸手去窝里直接抓

了一把,只听"喳喳喳"一阵大叫声从窝里传了出来,炸响了整个山宅。

雏鸟们还活着!

蛙鸣

初春,几只小青蛙,藏在我家院内喷水池中,从早到晚扯着嗓门欢快歌唱着,很少歇息。

朋友来我家,以为我养蛙玩赏,甚至有客人以为这是仿蛙鸣器呢。其实这只是山中野蛙,身子如我拇指般大小,但小小身子仿佛装了个大大的扩音器,蛙鸣声响彻整个山宅。尤其夜幕降临,青蛙们唱得更加放肆热烈,恍惚中我又找回了儿时辰光。

记得小时候住的地方,门前有一口池塘,池塘边上有一片小树林。

夏天的傍晚,我每天会踩着黄昏的湿热,拎着小提琴去林子练琴。而周边的蛙声此时也逐渐热闹了起来。我吱吱嘎嘎练琴,它们咯咯呱呱伴唱,从初夏到夏末,从霍曼到开

塞，它们和我共同度过了无数个星空月夜，开演了一场又一场林中音乐会，它们成了我心目中的提琴合唱队，也是我忠实可爱的小伙伴们。

夏夜难熬，短梦初歇。我常常会从窗棂透过月光找蛙们，但只听得这群小伙伴们呱呱欢唱，却寻不见半点踪影，我只好依在窗户边上，任夜风扑打着脸庞，最后终究抗不过倦了的眼皮，撇下它们自寻好梦去了。

格林童话中的"青蛙王子"，也曾让我小时对青蛙有着一种神秘的想像。我幻想在众多蛙鸣声中，去寻觅一种惊喜，可惜我不是公主，美丽动人的童话不属于我的生活。

如今，身在美国又听蛙鸣，那久违的亲切涌动心头。虽然它们纵情地此起彼落，锲而不舍地歌唱着，我却丝毫不觉得它们聒噪，心中反而盛满感动。

我的动物孩子们

卢国文 摄

三只孔雀的故事

我一手精心养大的孔雀,有二公一母。

母孔雀第二年便开始下蛋,但丝毫没有当妈妈的意思。东下一个,西下一个,害得我小心翼翼一个一个捡起来,放在一堆草上,每天伸长着脖子企盼母孔雀来抱蛋孵小孔雀,可是它丝毫不在意这些蛋,自顾自玩耍吃食。

仔细一数,它一共下了六个蛋。记得我捡蛋时,母孔雀一副无所谓的样子,倒是公孔雀Bob一次又一次在我身后张开翅膀使劲啄我后背,坚决不让我取走蛋。

孔雀蛋比鸡蛋大好几倍,味湿甜,入口松软,JJ和我都喜欢。母孔雀一年下蛋并不多,我挺稀罕的,而它自己则一点不在意。

　　朋友送我孔雀时,再三叮嘱我要将孔雀屋隔间,不然公孔雀们一旦长大成熟,就会为争母孔雀打得不可开交,场面会十分血腥。

　　我忙请工人做了个三院一室孔雀家,院与院之间都有各自的门可开可关,小屋可遮风挡雨,也有门。

　　公孔雀长大成熟了,五彩的尾巴长长拖着地,如同华丽的披帛一般。它们每日轮番向母孔雀开屏示爱,一心一意地想去获取母孔雀的欢心。而母孔雀则摆出骄傲的姿态,无动于衷,不理不睬。我瞅着母孔雀灰不溜秋的五短身材,丑小鸭般的模样,真不知它的优越感从何而来。

　　我曾经一直担心公孔雀会为母孔雀争风吃醋,不想它俩一直保持着君子风度,优雅示爱,并无相争之意。我也因此未将它们隔开,两只公孔雀一直相安无事。

　　后来情形又有转变。两只公孔雀开始整日形影不离,相伴左右,再也不见它们向母孔雀开屏示爱、追逐求偶的场

景了。有时母孔雀靠近它们一些,公孔雀还会将它啄离。

每当夜幕降临,二只公孔雀会相依在同一院落的树杈上,而母孔雀则孤零零栖息在另一间院子的树枝上。

第三年母孔雀又下蛋了,仍不见它抱窝。便请教了送我孔雀的动物专家朋友。他问我有否见过公孔雀与母孔雀交配,我说不曾见过。他又问两只公孔雀打架否,我答无。我狐疑问道,难不成孔雀也有同性恋?朋友哈哈大笑,完了说,这几个蛋恐怕是孵不出小孔雀了,等着以后再看运气吧。他也直言这三只孔雀关系异常。

我十分失望地从孔雀窝里取走了蛋,这一次公孔雀竟然没有啄我。

倒是便宜了两个正好来山宅玩的女友,她们视孔雀蛋为珍品,喜滋滋地向我要了蛋,小心翼翼揣在怀中带回了家。

瞬间的生命

终于母孔雀愿意做妈妈了。

我日日翘首以待,终于等到了小孔雀破蛋而出的那一天。

六个蛋中,出来了三只小孔雀。另外三个蛋还没有动静。孔雀妈妈因为要照顾紧跟左右的三只幼仔,便弃三个蛋而不顾了。

我不甘心,将三个被冷落的孔雀蛋放入三只趴窝的乌鸡肚皮下,侥幸期待着。

三天过去了,天天扒开鸡肚皮瞅上一眼,却无一点动静。

朋友说估计已无希望,让我取出,以免胎死蛋炸。

记得那个傍晚风很大。我小心翼翼从鸡肚皮下取出那

三个毫无动静的蛋,放在一小篮中准备掩埋。

当时正好有两只公孔雀追逐打闹得很凶,吸引了我的注意力,尔后又去看了一下小孔雀,这才想着回身去葬蛋。

不料一提篮子,一个蛋中竟发出了小孔雀的尖叫声,声音很大,在傍晚的林子里回荡,着实让我大吃一惊!

仔细贴耳再听,没错!其中有个蛋里真真切切有声音。我赶紧将蛋一个个又放回鸡肚皮下暖着,内心又充满了希望。只听那蛋里声音由尖叫转变为愉悦的"唧唧"声,不一会儿便安静了下来。

此后的日子我天天猫腰钻鸡窝查看蛋的动静,每每失望而归。

朋友也很关心,天天电话询问,也跟着我从兴奋到失望。

大约过了一周,那孵出来的三只小孔雀,在妈妈身边都长出了小翅膀和翘翘的小尾巴了,一早到晚跳上跳下,啄

食喝水，嬉戏玩闹，而这边三只蛋还是静静地躺着。

朋友教我用手指叩打蛋壳，听听是否有声音发出。我照做了，仍是悄无声息。他又让我摇摇蛋，一只蛋里感觉有蛋黄在里面滚动，另外两个实实的，却没发现小孔雀破蛋的迹象。

几天下来，从期待到失望，有时真怀疑自己当时是否耳朵出了问题，但仔细想想，真真切切蛋里发出过声音！

最后，朋友宣告失败，让我将死胎蛋从鸡肚皮下取出敲开看一下，他认定蛋中有小孔雀。

我依依不舍取出了蛋，却始终下不了手敲开蛋看结果，任由三个蛋静静地睡着。

朋友亲自出马赶来我家，"嚓，嚓，嚓"磕碎了三个蛋壳，只见两个是未受精蛋，另一个则是一只未成形的小孔雀，小小脑袋耷拉着，紧闭双眼，没有任何生命迹象，输送营养的蛋黄仍紧紧贴在肚皮上，看得我十分心疼。我有些后悔当时没有帮它破壳而出。朋友却说即使当时我听见它的叫声，帮它破壳出来，它也活不成的。

看着这只曾经在蛋壳里大声叫唤的小孔雀，我能捕捉到它曾经为生命而挣扎的痕迹。它和这个鲜活的世界曾经只隔了一层薄薄的蛋壳，然而它的生命却停止在了那一刻。生命有着很大的偶然性，这小小生命的美，源于短暂而无奈，就像烟花燃放后留下的一道美丽瞬间。

孔雀逃跑了

那几日真的累了!

心累!每天丢了魂似地从早到晚在窗口张望,在林子里搜索,仰头在树叉中苦苦寻找着,不放过每一棵大树,可连根毛的影子都没有见到。

牵肠挂肚原来如此滋味,不好受啊。

五只孔雀就这样在眼皮底下跑得无影无踪。

事情经过是这样的:

那日工人在孔雀笼中清扫时,我正好遛狗经过,顺便进去和他聊了几句,出来后想也没想就将门轻轻掩上,下意识觉得工人完事后,会从这里出来,可工人清扫完后却从另一个门出去了。

虚掩着的门在傍晚时分被风吹开了。

开屏的孔雀

孔雀们争相出了笼门，对外面的世界充满着懵里懵懂的好奇。

正逢JJ遛狗，这狗一看那么多孔雀在林子里散步，兴奋地冲了过去，幸好JJ及时喝住了狗，但有几只已往山下跑去。

JJ费了九牛二虎之力将孔雀们赶回了笼中，仍有六只在外，其中四只不见了踪迹。

那天是个周日，平日很少出门的我恰好有约，去朋友家喝下午茶。

待我赶回家时，天已将暗。

只见二只母孔雀，一只在笼顶上徘徊，另一只绕着笼子转悠，它们非常想回窝，却被铁网隔成了二个世界。

我试图将地面上的那只赶回笼子，不料一挥手，惊吓了它，它一展翅便飞进了远处的林中，没了声音。

天很快就黑了下来，笼顶上的孔雀开始焦躁不安地试图从铁网上找入口进笼栖息，但怎么可能呢！

　　我和JJ全力驱赶，却无济于事。它在笼顶上跳来跳去，我试图捉住它，无奈它力量过大，挣脱了。用网去围它，也罩不住它，来来回回折腾，双方精疲力竭僵持着。

　　已是晚上十点多了，我和JJ满头大汗狼狈地瞪着笼顶上那只孔雀，却奈何不了它。

　　JJ最终想了一招，用水冲它，湿了它的翅膀，让它行动不便。

　　这一招还真灵，JJ在下面用水龙冲，我在上面用竿子赶，三下二下将它赶下笼顶，乖乖进了窝。

　　那一夜，我无法入眠，还有五只怎么办呢？

　　我腾空了一个笼子，门口放了食物和水，期盼出走的孔雀饿了、渴了会想到这里曾是它们的家。

　　第二天清晨，工人说看见一只母孔雀在房子周边走，我想一定是飞走的那只，赶忙招呼工人帮我赶孔雀回笼。

或许工人太性急了，动作一大，又一次赶飞了它。

从此一切归于平静。

我不甘心，请教朋友，他说孔雀会回来的，不敢保证五只都回来，至少会有几只吧。

他接着说，它们或许就在你身边，在树林某个角落盯着你，而你却无法看到它们。

可他话锋一转又道，若跑掉的孔雀有公有母，回来的可能性会小许多。

我想完了，出走的五只孔雀正好二公三母。

我不由胡思乱想起来，是否出走的孔雀已下了山，被别的好人家收养了？还是它们仍在周围游荡，饥渴难熬地生活着？再不然就是山中野兽夜晚出没，它们已遭不测？不敢想了。

大半个月过去了，我每天望眼欲穿，苦等着出走的孔雀回家，却无一点动静。

  这天早晨，工人和我说，他看见一只母孔雀回来了，隔着铁网和一只公孔雀调情呢，只是一见他，又飞走了。

  工人离开后，我抱着一丝希望去了孔雀笼，不料还真有一只母孔雀在笼外徘徊。我走近，它也不怕，只是我一有动作，它便展翅要飞走的样子。

  我灵机一动，想起平时我只要拿着虫子袋走进笼内，孔雀们就会自动走向我讨吃虫子的情景。

  我小心翼翼在那只母孔雀前举起了装虫的袋子，果真它向我靠近了，我丢了几只虫子在地上，它啄了；我又丢了几只，它又跟着啄了。看来有戏了。

  就这样，我一路小心翼翼地引着它跟着我啄虫子吃，一步一步终于引进了笼中。

  看着它进笼后大口啄西瓜，大口喝水的样子，我真不敢相信兜兜转转这么多天，它终于回了家！

小孔雀的故事

家中迎来了五只小孔雀,才出生两天。

原是朋友要的。他经营着一个古堡酒庄,经常迎客办婚宴,希望养几只孔雀点缀酒庄。我想他莫非想打造一个类似印度旃陀罗崛多国王的孔雀帝国?可惜这几日他太忙了,让我代养一两天。可一接近小孔雀们,我就舍不得了,从早到晚瞧着,摸着,玩着,心中欢喜不已。正好另一拨小孔雀下月又将出世,便和朋友商量,这拨由我来养,他养下一拨,朋友是痛快之人,满口答应了。

小孔雀长得有点像小鸡模样,但眼睛却似用眼线笔画了线,又有了画眉鸟的脸相。长长的脚,高高的脖子,走路一扬一扬,非常可爱。

五只小孔雀吃食不多,喝水也不多,圆睁的双眼警觉地四处张望,一有动静,便啾啾叫唤,四处乱蹦乱跳,累了便懒懒地瘫睡在地,一动不动,我和家人只有小心翼翼行动,深怕惊动了它们。

这是我第二次养小孔雀。

记得三年前三只小孔雀初到我家时,有只头顶一撮白毛的小黑鸡陪伴着它们,引领它们吃食喝水。小鸡成熟快,无师自通地会用爪子刨食,用小尖嘴喝水,做得有模有样。三只小孔雀傻傻地跟在后面效仿,一二日后开始学会了吃食喝水。每到夜晚,三只小孔雀便簇拥相挤在一块取暖,撇下小黑鸡冷清清地孤形单影在一边,可怜的小黑鸡做了几日生活老师便咽了气。

三只小孔雀日渐长大,与人也亲近。三年后的今天已出落得婀娜多姿,华丽悠然,美丽无比。

我奇怪今日五只小孔雀的敏感胆小,一问才知上次那三只是人工孵出的,这次是孔雀妈妈孵的,有着天生的警

觉。好在孔雀妈妈未曾有机会喂食过,不然小孔雀到我家定会拒绝吃食喝水,存活的可能性就不大了。

小孔雀的饲养比雏鸡雏鸭要精心细致些。而长大后的孔雀饲养起来则比鸡鸭要干净省心许多。孔雀不像鸡们会到处打滚造坑,吃食喝水争先恐后地抢。它们总是悠悠地散步,优雅地吃食喝水,难怪东西方文化都视孔雀为尊贵的象征。

据东方的传说,孔雀是由凤凰得两交合之气后育生的,和大鹏出之同母,被如来佛祖封为大明王菩萨。

而在西方的神话中,孔雀又被视为天后郝拉的圣鸟。

看着孔雀,想着孔雀,竟然慢慢体味出一种安静与悠然的心情来。

我发觉孔雀的美丽不光是羽毛的缤纷多彩,步态的高贵优雅,更重要的还是它们的那一份安静,知足和从容的姿态。

回顾自己人生一路走来，从未对世间的美丽停止过追求，但许多的错过又常常会让我感到莫名的怅惘。如今耳顺之年的我，许多事已由不得我随意后悔了。我想从今往后的日子，对所有我珍惜的人和事，我都要以从容与平和的态度去对待。我相信只要我肯努力，生活依旧可以美丽。

三只小呆鹅

家中迎来了三只小呆鹅。

三只小呆鹅来我家,对我而言是一种缘分。

因为生活重点不同,JJ除了对爱犬Lyla百般宠爱之外,其它动物一律视为麻烦累人的活口,能不收留就不收留。

我可好,收了孔雀又收猫,收了旱龟又收鸟,收了一群鸡后又想收这三只小鹅。

那是一家直销农场剩下的最后三只灰鹅,一个多月大,说白了,是人家挑剩的。

我想养,JJ死活不让。我想着朋友家后院有一小水池,适合养鹅,便动员朋友收了它们,我平时也可过去赏玩,朋友一口答应了。

三只小鹅一送来,我傻了眼。

这同日生的鹅怎么长得这么不一般大!大中小三只。小的就是个小可怜,发育不良的样子,还老打着嗝。再看另一只,分明是残疾鹅啊,嘴边长一大包,像个瘤子,怎么看都别扭,只有最大的那只看上去比较顺眼些,这让我如何将它们交给朋友养啊。

又见那农场人大老远将它们送来,灰头土脸的疲惫样,实在不忍心退还,赶紧付了款,权当积德收养了吧。

JJ天天追问我,朋友何时来取鹅,我支支吾吾,绞尽脑汁想着如何让他接受养鹅事实。

这天儿子和一群朋友飞去加拿大听音乐会,不料半路闹病发起高烧进了当地医院急诊,正是半夜时分。我和JJ闻之,心中十分着急,JJ订了机票,第二日一大早便赶去接儿子回家。

送了JJ去机场,回家后便让爱犬Lyla伴我去喂鸡喂鹅。

那狗平日爱逗鸡们玩,常常追鸡,闹得满院鸡飞狗跳,尘土飞扬。

可这回狗一见了三只小鹅,便死死盯着它们不放了。

只见三只不谙世故的小呆鹅慢慢走近大狗,与大狗直直对视。鸡们都逃散在一边,躲大狗远远的。

这边大狗根本不将小鹅们放在眼里,开始用嘴一次次挑衅小鹅。

看着小鹅们被大狗欺负得嗷嗷叫唤,我有点紧张起来,找了一小竹竿紧握在手中,随时准备帮助小鹅们教训大狗。

不想此时那只最大个的鹅挺身而出了。它一下冲上前去,用嘴勇敢地啄了大狗一下。大狗一下懵了,竟不知如何反击,另外两只鹅见势也上前助阵,大狗竟落荒而逃,最小的那只鹅还使劲追了大狗一阵。

　　我看呆了。三只小呆鹅真是无知无畏啊！它们明明不是大狗的对手，大狗大嘴一张便可咬断它们的脖子，而它们却临危不惧，毫不示弱地打败了大狗，成了胜利者。这场景令我一下对小鹅们刮目相看，心生敬意起来。

　　JJ接了儿子回家，看见我发的鹅斗大狗的视频，便问鹅怎么还未送走？

　　我答，有好戏看，又有小文可写，我决定收留了。

　　JJ无语。

小鹅的故事

去年养了五只鹅,整日呆头呆脑,伸长脖子,嘎嘎叫唤,热闹非凡。

我每天喂着它们,心中美滋滋的。盘算着早春过后,该是收获鹅蛋的季节。据说鹅一年下二季蛋,春天和秋天,产量也惊人,一年可产六十至一百只,可谓产蛋世界冠军。

今年四月,果真有一只鹅下蛋了。

下蛋很有规律,二日一蛋。蛋又大又白,比孔雀蛋还大出许多。

只是捡了六个蛋后,那下蛋鹅竟钻进小窝孵起蛋来了,任何人走近它,这家伙就伸长脖子发出"咝,咝,咝"的警告声。

  它还啄下许多身上羽毛垫在肚皮下为蛋宝宝取暖，不吃不喝静静孵蛋。我取了长棍轻轻拨动它的肚皮，发现一共有四个鹅蛋。

  期间，我旅行去了一趟北欧。回来已过了大半个月了。我期待能捡到更多的鹅蛋，可是除了一只鹅妈妈在孵小鹅，另外四只鹅整天又吃又喝，不曾下过一个蛋。我很失望，难道五只鹅中有四只都是公的？

  过些天去喂鹅，突然发现一个鹅宝宝混在四只大鹅中蹒跚行走，四只大鹅一见我便护住小鹅冲我"咝，咝，咝"地发威，其中一只还张开翅膀朝我冲过来，却不知鹅宝宝常常被踩在脚底，"呱呱"直叫。而鹅妈妈仍在小屋内守护着蛋，外面鹅宝宝的命运仿佛与它毫无关系。只听说鹅很呆，未曾想到呆得如此蠢笨，令我无奈。

  情急之下，我打电话请教大王农庄好友，他是动物专家。他告诉我鹅和鸡不同，鹅妈妈是最没有责任心的，不像

鸡妈妈那样护着小鸡无微不至。他建议我将小鹅单独人工喂养，否则必定夭折无疑。

我请了工人赶开大鹅，将小鹅捉了出来。细细一瞧，毛茸茸的一团，两只眼睛天真无邪，透着信任和依赖，真的可爱极了。摸着它，心里有一种莫名的喜欢。

我在车库放了一个大纸箱，里面铺上干草，又加照暖灯，给了水和食物，小鹅暂时安顿了下来。

接下来的几日，我天天去看有否新宝宝破蛋而出，结果全无动静。

小鹅孤单地生活了几日，虽然能吃会喝，但它寂寞的叫唤，让人听了心酸。我只要有空就去陪它说话，它也会发出愉悦的声音回应我。若我带它去院子，它会追随我的脚步走哪跟哪，我唯恐一不小心会一脚踩扁了它。

大王农庄朋友又来电话，问及另外三个蛋的动静，我如实回答。

他说在他预料中,四个蛋中只成功孵出一只是常见的。

可是鹅妈妈实在太笨,守护着没有结果的蛋不肯放弃。朋友让我取走鹅肚皮下的蛋,因为时间长了会发臭爆炸。

然后他得意地告诉我他家母鹅今年孵出了九只小鹅。我斗胆问他可否送我两只?他一口答应。

我家鹅宝宝终于有伴了。

养鸽记

去朋友的农场玩,无意间发现他养了许多鸽子。

鸽子棚的一个墙面竖着一些书架似的木格子,那是鸽子们产蛋和育雏鸽的小屋。只见有的小屋躺着几个鸽子蛋,有的小屋有刚出生的雏鸽,另有小屋还见正在孵小鸽的成年鸽子,又见许多鸽子在棚内啄食,跳跃,"咕咕咕"不停地叫唤,很是热闹。

离开农场时,朋友送了我六只鸽子。

除一只体型壮硕的灰鸽,其余全是小白鸽。

小白鸽们个个小巧玲珑,粉色的小爪子,粉色的尖尖小喙,骨碌碌的黑眼睛边也晕上了些粉色,很是娇嫩的模样。

我喜欢小白鸽,它们很干净,很祥和,自由自在地快乐着。

养鸽记

山宅有了鸽子后,似乎又多了一种乐趣。

六只鸽子并不与人亲近,但似乎也不害怕人。每当它们静静地飞到我身边,轻轻地啄着我撒给它们的谷物,我会尽情欣赏它们那温和而轻盈的姿态。

一段时间下来,感觉它们已适应了山宅的生活,和孔雀们和平相处,自得其乐地安窝,孵育,快乐地生活着。

这些天,它们安安静静地孵出了几窝雏鸽。

刚出生的雏鸽,只有拇指般大小,光秃秃的身体,紧闭双眼,一动也不动,只有当我手触碰到它们时,小小肉体才会微微颤动一下,证明它们仍活着。

雏鸽和雏鸡不同,雏鸡一出生便能吃,能跑,毛绒绒的一团,非常可爱。而雏鸽生下后一直在原地趴着,身上没有绒毛,像一只刚出生的剥皮小老鼠,丑极了。慢慢地才见羽毛刺刺地一根根开始竖在肉身上,一个月后,全身才披满了羽毛,有了小白鸽的模样,但依旧赖吃赖喝趴在窝里不挪

不动的,想必是翅膀还未长硬。

我很好奇雏鸽是如何吃喝拉撒长大的,但每次我想凑近看个究竟,守着雏鸽的成年鸽子便不管不顾"呼"地一下飞跑了,留下雏鸽们在那里可怜巴巴,不动也不闹。

只好问朋友,才知鸽子每窝一般产两个蛋。夫妻双方会轮流倒班孵化和育雏。雏鸽属于晚成鸟,需要成年鸽子喂"乳"长大。鸽子是少有的能给雏鸟"喂奶"的鸟,而且雌雄在育雏期都能产"奶"。鸽乳从外观上看好像小颗粒的奶酪,其化学成分与哺乳动物的乳汁相似,鸽子父母会将雏鸽的嘴含进自己口中,将鸽乳吐出来给雏鸽吃。

我恍然大悟,雏鸽竟然是吃"奶"长大的!

动物警察

春天注定是骚动不安的,山宅也显得格外闹腾。

最明显便是动物的不安分,为争女伴打架斗殴的事天天发生。

雄雉鸡脑门上又支起了二撮尖尖的毛,模样显得滑稽可笑,感觉像只红脸小怪兽。

小时一块儿长大的它们,如今为了女色而互相追逐,以强凌弱,几天便分出了高下。

失败者东躲西藏,羽毛凌乱,头顶血迹斑斑,往日的神气一扫而空,狼狈不堪。

我只好将失败者单独隔离在小笼里,算是权宜之计吧。虽然它们并不开心,但至少避免了被啄死的可能。而那

凶悍好斗的胜利者会时时在笼外不停徘徊着，并发出"咯，咯，咯"的声音挑衅着。

那边鸭子也不消停。

鸭子可爱但脏乱。

那日见一只公鸭将一只母鸭死死压在水里干那活儿，久久不停歇地将母鸭整个头压在了水底，我实在看不下去了，出手便将公鸭一把抓起，忽见它的肚皮下拖着一根长长的"肚肠"，肠子的头部便是那讨厌的玩艺儿，心想完了，是否出手重了？放下公鸭细细观察，又不觉它有异样，只见那"肚肠"开始逐渐缩回，心这才放下。

又见另一只白色母鸭躲在小窝不肯出来，近前细细察看，才见头部血迹斑斑，一只眼睛也被弄伤，瞎了似的，无奈之下，只得狠狠心将公鸭和母鸭分开，也不知这是救了母鸭还是棒打了"鸳鸯"。

相对说鸡群比较安静，因为好斗的大公鸡都送人了。

鸡群中有二只大火鸡走来走去,十分醒目,我分别取名为大黑、大白。

一直以为憨厚老实的大黑是母火鸡,就从朋友处要了雄性的大白来与它做伴,却发现它们并不亲热,总是不卑不亢,不争不抢地各自独处。随着大黑的毛色越来越亮丽,胸部慢慢多出了一束毛后,才确定它其实也是只公火鸡。

大黑、大白的个头比家鸡大出几倍。头和颈部没有羽毛,只有乱糟糟一团垂在胸前的珊瑚状皮瘤。皮瘤颜色时常变化,安静时为红色,兴奋时可变浅蓝色、粉红色、紫红色等颜色。胸前那束毛,硬如猪鬃。

大黑的羽毛以黑色为底,全身羽毛散发着红、绿、古铜的光泽。而大白的羽毛是纯白色和黑色相间,好似一幅中国水墨画。大黑和大白时常也会开屏竖尾展翅,并发出"咕噜,咕噜"的叫唤声。但家鸡们是唤不起它们兴趣的。它们每天发出的煽情声音,不时召来野外的母火鸡,可怜有只母

黑白火鸡

火鸡整日在笼外徘徊守候和等待,几年如一日,但家养的和野生的终究难成眷属。

和鸡们毗邻的是七只家鹅,我称它们为"七君子"。二只白鹅,五只灰鹅。它们一有风吹草动,就"呱,呱,呱"炸锅似的闹了起来,好似一个军团的阵容。难怪在中国的农村有村民会养鹅看家护院,颇有道理。我注意到鹅群中有只白鹅总是孤单寂寞地独来独往,仔细观察,才发现只要它吃食或喝水,总会遭到其他鹅的攻击。它只能乘其他鹅不注意时,偷偷喝口水,吃口食,大多时候独自发呆。没有朋友的鹅很像校园中遭遇霸凌的孩子,孤独而无助。

为了争抢交配权,高雅动人的孔雀也有失体面地开始打架了。

只见一只雄孔雀拖着长长的尾羽,笨拙地追逐争斗,跳上蹿下,几个回合后,败下阵的雄孔雀便狼狈逃至一个角落躲了起来。我心疼地看着它,感觉它有了变化,不再神

气,样子还怪怪的,细看才发现它头顶那美丽的羽冠被啄没了。

我忍不住出手相帮,捉住霸气十足的胜利者那美丽的长尾巴,将其拖至鸡圈内隔离,不想它却在鸡的领地犯了怂,一动不动地趴着,任由鸡们在它美丽的长尾羽上蹭脚啄毛,我一看不对劲,又将它弄回孔雀圈,它立马又神气活现了起来。

第一次看见孔雀交配。只见雌性孔雀温顺地匍匐在地,雄性孔雀张开大大的尾羽覆盖在上,好像一只巨大的蝴蝶在地面上微颤着,我惊叹孔雀之美丽,即使在交配时也展现出一幅美丽画面,比起鸡们文雅多了。

黑天鹅们那头也开始不平静了。

黑天鹅和家鹅不同,领地感很强,比家鹅更有攻击性。每次我或工人去喂食时,一只公的黑天鹅便会大摇大摆横在你面前,斜着眼瞪你。你一不注意,它就会用大翅膀抡

你,用嘴啄你,用脏水泼你,相比之下,家鹅要温顺多了,它们最多伸长脖子追你一下,冲你叫唤吓唬你一下,却很少有攻击性的行为。

自从有了天鹅宝宝后,三只黑天鹅和谐相处的日子宣告彻底结束。

强者会死死追咬着弱者,用大翅膀使劲地扑打着,不让它接近水面和食物,若不及时隔离,那弱的不死也会受伤。

弱者只能出局。

不由感叹植物的生命比动物要简单许多,只要有阳光,水和肥料,它们便能满足地活着。而动物的需求更接近人类,除了吃好,喝好,还要撒欢打架交女伴。

春天,我的任务又多了一项,除了喂养动物外,就是制衡动物间的关系,JJ戏称我为"动物警察"。

啾啾

啾啾是只绿颊锥尾鹦鹉。

它的双眼犹如京剧脸谱,一团白色夸张地涂在黑眼球周围,背上是轻柔的绿毛,腹部却交织了一些赤橙黄绿色,是一只精气神十足的漂亮鹦哥。

啾啾和我有缘。

那天去宠物店,并未打算买鸟。只是经过它的窗口,它用嘴啄着玻璃和我打招呼。我让店员放它出来,它便跳上了我的手心,用双眼静静地瞧着我,没有一丁点儿的害怕。

就这样我带它回了家。

从此它整天在家跟随我身边,走东走西,形影相随。

一天它居然跟我走出了室外,一不小心飞进了山林,

一时不见了踪影。

偌大的林子,要找回一只鸟儿,犹如大海捞针,我的心顿时乱了方寸。

我对着空旷的山林急呼"啾啾",远远地竟有了它若即若离的回应。

不过只要它一发声,便会引来林中无数鸟儿各式各样的回应,啾啾的声音一下被淹没了。

我急得冒汗,深一脚浅一脚在林间穿行,不停呼唤着"啾啾"。

啾啾的回应时远时近,时左时右,它每一声回应都会迎来各式各样鸟的和声,一时成了林中鸟儿大合唱,热闹异常。

我只能仔细聆听,小心努力在百鸟声中辨识它的声音,终于离它越走越近,最后在一棵大树上找到了它。

回到身边的啾啾,让我心里有一种朦胧的欢喜和朦胧的悲哀。

失而复得固然是好,只是万一它回不了家,它能和山中野鸟一样自由地生活和飞翔吗?

温室里长大的鸟终究是娇气和脆弱的,啾啾最终还是永远离开了我。

起因是我领养了一只小鹦鹉,只为啾啾身边有个伴。

没想到啾啾并不快乐。

它整天和新来的小鸟吵架。

开始感觉是啾啾在欺负小鸟,因为耳边都是小鸟惊慌的"喳喳"声。

有时二只鸟儿挤在一根枝干上,你挤我,我挤你,还互相用嘴啄来啄去。

我想或许它俩不打不成交,闹腾一阵子就没事了。

没过几日,感觉有点不对头,那小鸟的声音从惊慌变得快乐了,开始唱起歌来。

再看啾啾,毛开始耸了起来,头也耷拉下来,整个地无精打采,一副蔫儿样。

它开始不吃不喝不理人。我在家时,也不随我走东走西。我这才觉得事态严重。

正当我考虑如何将小鸟和啾啾分开时,啾啾却再也等不及似的发出最后一声响亮叫声,拼尽全力一头飞撞到电视机旁,落地再也不动了。

啾啾死也不愿和小鸟在一起的行为,惊得我目瞪口呆,继而一阵悔恨涌上心头。

早知啾啾对小鸟如此排斥,我绝对不会出此下策将小鸟带进家门。

我无奈地看着开心歌唱的小鸟,伤心地抚摸着啾啾逐

渐冷却的小身子，难过地落泪。

后来我才知道，一般智商较高的中大型鹦鹉都非常有个性，若你找的鸟伴不合它们的意，它们会伤心抑郁，甚至因为不开心而死亡。

那个夜晚，我耳边不停响着啾啾无声的哀怨，你找错了伴，你找错了伴！

天鹅宝宝

初春的一个早晨,我偶尔在黑天鹅的水塘边发现竖着个天鹅蛋,乍一看,像极了石头缝里蹦出个大蛋来。

天鹅蛋比鹅蛋还大,蓝莹莹的偏点儿青色。

大蛋孤伶伶地戳在那里,三只黑天鹅在水里嬉戏。

我小心翼翼地捡起蛋,但不确定蛋是否受过精。

JJ见了说想尝尝它,顺手便从我手里拿过天鹅蛋放入了冰箱。

我左思左想实在不忍心让JJ这只"癞蛤蟆"吃了天鹅蛋,便又将蛋放回了原处。

过了两天,母天鹅又下了第二个蛋。

这回天鹅夫妇开始忙碌起来。它们对我准备的小屋不屑一顾,顾自在走道门边搭起了窝。只见它们忙着将稻草、羽毛一点一点堆成团,不一会儿,一个舒适的小窝便搭好了。

三月初,便有了六个蛋。

天鹅夫妇便开始轮番趴窝,对人也非常不友好,只要一靠近,便张着大翅膀又追又打又啄,很凶的样子。

天鹅孵化期为三十六天,可日子到了,六个蛋却一点儿动静也没有。

我想或许山宅气温偏低,需要多些时日,便眼巴巴地又等了一周,还是没有一点儿动静。

朋友让我将六个蛋拍照给他,看后说蛋没问题啊,都是受了精的。接着问我蛋臭了没,我说没臭,又问摇了后的感觉,我说实实的,没有死胎现象。他说奇怪了,便开始了解天鹅妈妈的情形。我说它趴着一动不动,朋友却说,小天鹅出壳前,天鹅妈妈会扭动脖子和蛋讲话交流的,你可以听

幸福一家

见蛋壳里有小天鹅的声音。我说没有任何交流现象,蛋也是安安静静的。

最后,朋友也纳闷了,问我是否愿意打开一个蛋瞧瞧,我说不敢。

朋友说那就再看一周吧,再没动静就没戏了。

好不容易等到第七天,仍然一点儿动静也没有,我彻底放弃了。

不料,放弃的第二日,一只小鹅破壳而出了!

接着第二只,第三只,接连三天,陆陆续续六只小天鹅全部顺利出了壳。

看着鹅妈妈吃力地用嘴翻动着蛋,看着蛋被小鹅啄出的小黑洞,看着一只只小鹅挣扎着破壳而出的情景,我的心被彻底融化了。

这些逾期十五天才出世的小家伙们在天鹅妈妈的细心

照料下,长得十分健康,几天后便随天鹅妈妈下水嬉戏了。

至今也没弄明白小鹅出壳为何超期这么多天,但我却看到了一点:你心心念念惦着的,往往很难随愿,而你不抱希望时,其结果又常常令人喜出望外。

鸡妈鸭宝

早起去鸡笼里看那几只刚出生的鸡仔，突然发现一只扁扁的、黑呼呼的家伙紧紧跟着乌鸡妈妈，肚皮贴着地摇摆前行，嘴巴还"嘎，嘎"叫唤。仔细一瞧，原来乌鸡妈妈孵出了一只小鸭仔。

这几个蛋是女友放的。

她天天念叨着想要几只鸡仔，好玩又有鲜鸡蛋可捡。

当时我正在中国晃悠呢。听女儿说有只小乌鸡又趴窝想当妈妈了，立马想到为女友孵小鸡。又想到乌鸡下蛋产量少，蛋又小，故我隔着太平洋，在电话里大声吩咐女友去我家鸡群里抓几个大蛋来孵。我的那些大母鸡们来家几年了，蛋越下越大，就是不愿当妈妈。而且那些大胡子鸡下的是绿蛋，那可是外面买不着的。

鸡妈鸭宝

  女友一定以为蛋越大越好,便糊里糊涂地抓了七个蛋放在乌鸡肚皮下,未曾想到其中一个是鸭蛋。

  小鸭仔出了壳只认乌鸡做妈妈。可乌鸡妈妈却觉得它是个异类,有些排斥。只见其它小鸡仔钻乌鸡妈妈肚皮下取暖,乌鸡妈妈会很配合地将身体往上挺一挺,让小鸡仔们一个一个钻进去。然后,乌鸡妈妈又用小尖嘴将四周稻草弄得严严实实,这才停当下来。可小鸭仔就不行了,只见它使劲往乌鸡妈妈肚子下钻,可东钻西钻,半天怎么也钻不进去,因为乌鸡妈妈死活不肯抬起肚皮放它进去。最后我实在看不下去了,便蹲下抬起乌鸡妈妈肚皮,让小鸭仔顺利钻了进去。

  几天下来,乌鸡妈妈总算习惯了这个扁扁的小家伙,开始视为己出,从此相安无事。

  而小鸭仔注定了它的命运已和鸡绑在了一起,乌鸡妈妈永远是它心中的母亲,其它的鸡仔们自然就是它的兄弟姐妹们了。

小鹿奇奇

山宅的一个下午,我突然在孔雀屋边,瞧见一个小小的身影。

我走近仔细一瞅,心都快跳出来了。只见一只刚出生的幼鹿正好奇地盯着孔雀呢。我轻手轻脚走向它,用双手将它抱在了怀里,四周张望一下,却不见它的妈妈。小家伙并不怕人,在我怀中也不挣扎,只是用那双黑色的大眼温柔地看着我。当我放它重新落地后,它便撒开四条小腿颤颤地跟着我满山转了,它将我错当它妈妈了。

那个晚上,我上网查了几乎所有关于幼鹿的资料。大致都警告说若碰上幼鹿,不要去惊动它,除非在一旁看见鹿妈妈的尸体,再打电话给野鹿保护组织,寻求帮助。鹿是非常野性的动物,不可能驯养成宠物。幼鹿的命一旦交到人的

手中，生还希望极为渺茫。

这些话让我有些不以为然。不就是鹿和人打交道吗，有那么难吗。不过文章提到八十多小时过后，鹿妈妈会自动放弃寻找幼鹿的行为还是引起了我的紧张。无论如何三天内得帮幼鹿找到妈妈。否则就意味着要人工饲养。

当然我不否认那时我怀有强烈的好奇心，总觉着充当一次鹿妈妈是人生可遇而不可求的事。虽然心中明白这可能是件极冒险的事，况且写养鹿的文章少之又少。但我已暗下决心，三天后，如果鹿妈妈再不寻回幼鹿，我将会承担起鹿妈妈的责任。

第二日清早，我悄悄将幼鹿放回孔雀屋边，自己则藏在不远处的树丛里，抱着一线希望等待鹿妈妈的出现。看见不远处有只母鹿在林子里低头吃草，却没有一点寻找幼鹿的样子。过一会儿，坡的另一头又来了一群鹿，至少有五六只，他们看见小鹿也无动于衷。这天就这样毫无结果地过去

了。然后第三日,第四日,粗心的鹿妈妈始终未曾出现,这意味着幼鹿回到母鹿身边的希望越来越渺茫,越来越没可能性了。而这几日里,我已不知不觉充当起了鹿妈妈。

我心中只有一个念头,那就是一定要养大幼鹿。既然它在山宅降生,就让它健健康康在山宅长大,山宅的自然环境应该是它最好的去处。

我为幼鹿取名为奇奇。

那些日子,我全身心投入在奇奇身上,对待它就如养育亲生儿女一般。

我每天用三分之二羊奶掺上三分一的牛奶喂奇奇。但初生幼鹿最怕拉稀,奇奇一拉稀,我的心就会嗖地一下拎起来,整日吊着,好在事后都无大碍。奇奇的粪便开始从淡黄转至深褐色,说明它的胃开始正常化了,我的心才逐渐恢复了平静。

奇奇日渐长大,身上的梅花点开始隐去,头上生出了

二个小角,整日不离我左右,漫山遍野的撒欢儿。生人来到山宅,它会躲藏在树丛里,只有我唤它,它才会连奔带跳过来,美丽的大眼充满信任,它会用头拱我的身子,用嘴亲我的脸庞,热气呼在我的脸上,痒痒地十分舒服。

一次山宅聚会,我在外面订菜,家里已来了许多朋友,大家都想见见奇奇,可千呼万唤,奇奇就是不露面。直到我回家,它听见了我的声音,才冒了出来,这才逐个用它的小鼻子一一向大家打招呼。

枣树上的枣成熟了,它会咬我的衣角,拱我的身子,向我讨枣吃。它还常常干坏事,吃我的果树叶子和树皮,一棵大桃树因此遭了殃。而它的一切破坏行为,我都包容了。因为它带给整个山宅的快乐已将我的心彻底融化了。

每次我出外办事,它都会默默目送我远离,然后撒开四蹄隐没在山中丛林之中。

我常常为拥有奇奇心怀喜悦,觉得有它的生活真好。

山宅给了它自由的空间,让它的野性不至于被桎梏,而我又能日日与它相伴,人鹿之间的情意,犹如漫山的野花,自然和谐地点缀着山宅的美好时光。

我以为这样的日子会一直下去,奇奇至少会伴随我老去,万万没想到奇奇向我告别的日子已悄然来临。

直到现在我都没弄清奇奇的死因,因为没有一家兽医愿意出手救它。

开始我只是发现奇奇走路气喘,以为它累了。后来日渐糟糕,最后竟满嘴冒出白色泡沫,在空中飞舞,有朋友说一定是中毒了。

我永远忘不了那天奇奇口吐白沫,拼尽全力扑到我怀里的情形,它似乎在向我求救,那痛苦的眼神令我心痛欲裂,泣不成声。奇奇最后实在太难受了,它挺起身子往空中一跃,又重重摔在了地上,就再也起不来了。

奇奇永远离开了我。

没有它的日子,我的心空落了许多。

我常常思念奇奇,轻声呼唤着它的名字。回忆与奇奇相依的日子,感觉很单纯,很美好,很快乐。

我也常常后悔自己的任性好奇和自以为是,因为我的鲁莽,彻底改变了奇奇的命运。我不知它是如何中的毒,但至少它是因为对我的信任而丢了性命的。若当初它不跟着我,或许它还好好地活着呢。

我告诉自己,以后再不敢随便碰触野生小动物了,哪怕本意是发自内心的喜爱。

好斗的小公鸡

家中有只小公鸡,身形如鸟,小而精悍,十分好斗。

它在鸡群中会欺负大它几倍的大母鸡。它会以灵巧的小小身子,一下跳上大母鸡背,又因身子太小咬不住大母鸡脖子,常常被大母鸡甩下背来,骨碌碌地翻滚在地,样子便十分滑稽可笑了。它也喜欢欺负追啄黑乌鸡,弄得黑乌鸡"呱,呱"叫唤四处逃窜。

这时,我会抬脚做踢状吓唬它,不料,它竟然连我也不放在眼里,转身昂首飞跳,锦毛直竖向我冲来,大有决一死战之势。

我唯一治它的办法,就是趁它扑向我的时候,眼明手快地抓住它尾巴,然后扔进孔雀笼中,将它隔离一会儿,也让它尝尝被孔雀追啄的滋味。

它一进孔雀笼中,便惊慌飞跳,我实在不忍心,立即将它放了出来,它便又开始"咯、咯、咯",好斗依常。

那日,和女友品茶闲聊,说起儿时曾为一只小公鸡和男孩子打架一事,听得女友双眼都睁圆了。

那是文革期间,我大约十岁左右。学校正闹停课,我没有学上,母亲便买了五只鸡仔让我养着,防止我无事去外面疯玩。

我从小喜欢小动物,五只小鸡仔如同我的小伙伴每日陪伴着我。而我更是昼夜不分地细心照顾着小鸡仔们。五只鸡五个种类,有小黑鸡,小黄鸡,芦花鸡,麻雀鸡,还有好斗的小公鸡。

那些日子,邻居周围许多男孩子也开始养鸡,他们尤其喜欢养公鸡玩斗鸡,不像我视鸡们为宠物,整天抱着,亲着不放手。

五只小鸡仔转眼间便长大了。男孩子们的眼睛开始注意到我的小公鸡了。

　　小公鸡长得虽小，精气神却十足。男孩子们来斗鸡，抱得大公鸡都比它大上几倍。每次两鸡交战，场面激烈。只见斗鸡们脖子上的毛发竖得直直的，眼睛睁得大大的，几个回合下来，双方便斗得头破血流，一地鸡毛。而我的小公鸡会越战越勇，一副不怕死的样子。最后的结果都是大公鸡败下阵去。

　　从此我的小公鸡远近闻名，是我心目中的"常胜将军"。一次，男孩子们气不过，斗完鸡后，开始追踢我的小公鸡，以示报复。我见状不顾一切冲上去抱起小公鸡跑回家中，从此不再让我心爱的小公鸡参战了。

　　男孩子们不甘罢休，一天又抱着一只大公鸡上门宣战，我紧紧抱着小公鸡，对他们不理不睬，竟惹恼了他们。他们开始朝我家扔煤球，叫唤着让我放出小公鸡。

　　我赶紧藏好小公鸡，挺身而出。

　　只见面前一排男孩，有比我大的，也有比我小的，可我一点也不怕他们。那些大男孩此时已对我气得咬牙切齿，

便怂恿着小男孩打我。

一个小男孩傻傻地冲了过来,照我胸口就是一拳。我也不示弱,举手在他头上狠狠拍了一掌。

小男孩哭了,干脆抱住了我打,我和他即刻扭成了一团麻花。

几个大男孩大约想想也无趣,原本观斗鸡,却成了俩小屁孩的对打,便抱着大公鸡,拉开小男孩悻悻离开了,从此不再上门。

这是我一生中第一次打架,也是唯一的一次,虽然打得不如斗鸡精彩,也无胜负,但也算为小公鸡争得一时平安。

和女友聊到此,心中不由感叹岁月真短,短到一场架刚打完,不小心就已地老天荒。

人生过程本是一个圆,循环往复,看似起点又是终点,看似终点又是起点,犹如我们捧着的那杯茶,由淡变浓,又从浓变淡,好似相同,却已不同。

小黑鸡

我家小乌鸡想做妈妈了。

我在它肚皮下,放了六个蛋。

二十多天后,六只小鸡仔破壳而出,最后出壳的是一只小黑鸡,比其它的鸡仔们整整晚出壳了一天。

小黑鸡长得弱小丑陋,走路啄食也不如它的哥哥姐姐们那样灵活好争。鸡妈妈也不太喜欢它,有时会将它啄到一边,自顾带领另五只鸡仔走东走西。

可小黑鸡总是紧跟不放,有时摔得二脚朝天,费劲翻过身来,还是追逐鸡妈妈的脚跟。

鸡仔们稍稍大一些时,我观察到小黑鸡啄食频律很快,可耗费的时间比其它鸡仔多出好多倍,永远吃不饱似

的。走近细瞧，才发现它的嘴上下是交叉的，原来这是一只嘴部高度残疾的鸡仔，啄食对它而言相当困难。

我唯一能做的，是将好吃的、容易啄的食物放在它近旁，希望它能多吃些，快快长大。但我仍能感觉它的不快乐，不舒服。它总是低头弓背，羽毛耸立，却从不叫唤，它只是低头不停地努力啄食，以此来维护它那小小的尊严。

一个早上，当别的鸡仔在阳光下嬉闹啄食时，我发现它将自己小小的身体，藏在了一块大大的水泥板下，安静地告别了尘世。它在极度艰难的生存条件下，努力让自己活了二个多月。

死亡对它而言或许是一种解脱吧。

少管闲事

一日，我见几只母鸡趴窝，顺手拨开它们肚皮，却见一堆蛋静静卧在那里，便开心捡走放入冰箱，没想吃时发现这些蛋全是半胚胎的，我非常心疼，心想这些小乌鸡可真是当妈心切，才下了这么些蛋就急着孵上了，害我无意成了"刽子手"。

从此不去乌鸡房捡蛋。

日子一天天地过去，平静而安逸。每日去鸡房溜达，只见六只乌鸡静静趴在那里，不吃不喝不玩耍。

朋友说孵小鸡需二十二天，而我无法确定这六只乌鸡肚皮下那些蛋的日期，只好在它们面前放了水和食物，耐心等待结果。

终于有一日听见小鸡的"唧唧"叫声,蹲下一瞅,一只毛茸茸的小脑壳从母亲的翅膀下钻了出来,两只亮晶晶的眼睛无邪地盯着你,样子可爱极了。

小鸡一只接着一只从壳里钻了出来,数了一数,整整二十二只!

初春的天气仍是寒冷,六只母鸡紧紧用身体护着小鸡仔们,若我用手去摸小鸡仔,几张尖嘴便轮番使劲啄我手。

小鸡们没几天便活蹦乱跳地从母亲身下钻了出来。母鸡们"咯咯"教它们吃食、喝水,甚至为了争夺小鸡仔而打得不可开交。这个时候,我会去阻止,将凶悍些的母鸡赶出房门外,不想它们见不到小鸡便又跳又叫的,很是疯狂焦虑的样子。我心一软,又将它们放回小鸡身边。

应该说几只母鸡同时带着小鸡生活,矛盾是免不了的,偶有打架现象纯属鸡们家庭内部问题,我这另类插足进去显得多管闲事。从此我便睁一只眼闭一只眼,只要不伤及

母亲与孩子们

小鸡仔,由着它们闹吧。

小鸡们日渐长大,长出了小翅膀,屁屁上又翘出了小尾巴,除了声音仍是小鸡味道,一个个小毛球俨然成了鸡娃娃们,蹦蹦跳跳很是欢快。

几只鸡妈妈虽然辛苦,骨瘦如柴,但每天"咯,咯,咯"享受着舐犊之乐。

因为有了一群新生命的到来,山宅的春色平添了许多的生趣。

鸡同鸭讲

朋友送的十只小鸭长大了。

我试着将它们放入鸡群同乐。起先还有点提心吊胆，生怕好斗的鸡群会将鸭子啄得无处逃窜。不想鸭入鸡群后，竟然相安无事。有几只鸡试图走近鸭群探个究竟，而鸭群们只顾嬉水玩闹，毫不理会。一边鸡群"咯咯咯"，一边鸭群"嘎嘎嘎"。这一片热闹中，可是真正在上演着鸡同鸭讲。

不由联想到生活中的一些场景。一些幼稚园小朋友在一块玩耍，常常你说你的，他说他的，彼此却玩得乐呼呼的。一群老人餐桌聚会，她问左，他答右，他问东，她答西，彼此仍聊得热呼呼的。更常见那些不谙英语的女孩嫁给老美，手势比划，挤眼嘟嘴，因为交流简单，彼此日子过得反而温

馨而平静。

　　如此看来"鸡同鸭讲"并非坏事，有时讲得太明白也不一定是好事。

养鸡的悲喜

每年开春,我都会买不同品种的雏鸡上山,精心饲养。

先是弄个小笼搁在车库里养,放上专门供雏鸡取暖的灯照着,米糠加小虫喂着。我常常会乐滋滋地蹲在小鸡笼边,听着它们叽叽喳喳的声音,看着它们活泼快乐地玩耍,这已成了我生活中的一大趣事。

小鸡仔们是可爱的,绒球般的一团团簇拥着,吃食时发出满意的"叽叽"声让人心醉,吃饱喝足后,便眯着眼打盹,偶尔有只小鸡仔挪动一下身子,别的鸡仔便会发出长长的一声哨子般警告,一切又回到了安静,真的很有趣呢。

鸡仔长得很快,没多久便长出了红红的小鸡冠,长长的小翅膀和翘翘的小尾巴。后来便开始变声,公鸡和母鸡也有了区别。再过些日子,公鸡开始打鸣,母鸡陆续下蛋,山

宅顿时充满了生机和活力。

鸡群中有几只大公鸡和小公鸡，大公鸡雄纠纠，气昂昂，小公鸡鬼灵精怪，贼头贼脑。

不同品种的纯种鸡显示着各自漂亮的模样。有毛色黑白相间的芦花鸡，一色纯黄的贵妃鸡，长着大胡子生蓝蛋的肥母鸡，头戴绒球的帽子鸡，小巧玲珑的麻花鸡。特别是一只花尾巴大公鸡，每天雄纠纠地拍着翅膀打鸣。一见有好吃的又"咯，咯，咯"召唤正在寻食的母鸡。见人走近还会伸着脖子，摆出好战的架势，俨然一副鸡群家长的派头。

捡蛋的滋味是开心的。每逢开春，母鸡们开始争先恐后，各显其能下起了不同颜色的蛋，有白蛋，红蛋，绿蛋，每天在鸡窝里可捡到十多个。吃不完便送朋友分享，许多朋友都喜欢这些大小颜色各异的蛋，既好看又新鲜好吃。

又进了一批白毛乌骨鸡，只有平常鸡的一半大小，顶着帽冠，披着纯白的绒毛，眼睛圆圆的。母乌骨鸡双耳下

垂,有一圈精致的蓝色,公乌骨鸡双耳下垂则是鲜艳的红色,感觉更像是美丽的鸟儿。

乌鸡们被分配单独住在一间隔雨的小屋中,配上单独的小院。它们隔三差五地也会下二至三个小蛋给你塞一下牙缝,大部分时间只能被用来观赏。

其余的大鸡们住在乌鸡隔壁,有大树遮荫,小屋躲雨,生活很是惬意呢。

我曾放养过鸡们,让它们在林间自由散步觅食。一日听见一只乌鸡叫得极凶,我嫌太吵去赶它,才发现乌鸡正在警告我有只山猫在袭击鸡群。等我拿着石头追过去,山猫便从鸡群中逃跑了。我永远忘不了我和它面对面的一霎间,它一脸的野蛮凶残相,还透着一股流氓味。有一只被咬死的鸡躺在地上,其余的都惊恐万状,一动不动呆立着,我这才明白为什么惊呆的人会被形容为"呆若木鸡"。

从此加固鸡笼,不再放养,以为鸡们从此便可安全无

忧,万事大吉,不料鸡群还是遭了殃。

那日清晨,我去鸡室,只见遍地尸骸,惨不忍睹。有的被咬掉了头,有的被啃去了翅膀,有的倒挂着身子,有的趴在泥地上,无一幸免,而且大多死得连伤口也找不见。我无法想象可爱的鸡们在夜晚惨遭杀戮时的情景,但肯定是非常非常的血腥和惨烈。

震惊! 愤怒! 痛心! 无奈!

最后,我发现山猫是从一个极小的铁网洞中钻进的鸡笼,搞了一次大偷袭,我还是大意了。

数了一数,共二十六只鸡,二只鸭。

好斗的雉鸡

我有一位画家女友,善长工笔花鸟,她在自家后院养了一群雉鸡,色彩斑斓,美丽动人,我猜想那是她绘画创作的素材。

见我喜欢,她便慷慨送了我一对雉鸡。那雄雉鸡有着豹纹大尾和一身五彩羽毛,气质不输雄孔雀,是中国工笔画中常见的红腹锦鸡。雌的那只则灰不溜秋,毫无美感可言。

后来另一位朋友见我只有一对雉鸡,不免有些冷清,便送了许多雉鸡蛋给我孵化。结果孵出来一大群环颈雉。虽然雄环颈雉的外表不如雄性红腹锦鸡那么华贵美丽,但那青铜褐色闪着光的头羽,再配上鲜红的双颊,也非常地吸人眼球。

可大半年饲养下来,我不由暗自叫苦不迭,因为雉鸡是最不让我省心,且十分好斗的禽类。

在它们美丽的外表下,是斗殴打架的天性。它们自相残杀的场景,常常让我不忍目睹。

不到一个月,三十多只雏鸡,只剩二十不到,其中还包括了伤残的。

说出来都不敢相信,三分之一的雏鸡都是被同类活活啄死的!

后来才知雏鸡有啄癖,它们喜欢互相啄羽,特别是尾羽,还啄肛,啄背,啄头。

为阻止它们的恶习,我将每只雏鸡的喙尖轻轻剪平,以防其互相伤害。

可防不胜防,即使剪平了喙尖也无济于事。

常常平静了几日,早上去喂它们,发现又有的被啄死在地,尾部、头上、身上羽毛尽失,血肉模糊,不忍直视。有的尽管逃了生,却断了脚,瞎了眼。雏鸡群里真是杀机四伏。

我只能将残疾雉鸡单独关养，否则它们一入群，就会遭到歧视欺负。

最后连我最喜欢的红腹锦鸡也未遭幸免。

那天发现它狼狈地倒在地上，满头鲜血，身边一地被啄落的羽毛，它连站立的力气都没有了，以往的美丽与精气神儿一扫而空。

我心疼地抱起它来，将它轻轻放入一间隔离室，在它被啄烂的头皮抹上了消炎药膏，权当死马当活马治吧。

我就不明白了，这些雉鸡们为什么放着好好的日子不过，却喜欢整日争相互啄，自相残杀？

JJ怀疑说，是不是老鼠咬的？我说不是。

我知道，雉鸡易惊，不善高飞，但奔跑速度极快。况且老鼠咬它们，不会只扯羽毛，不吃肉。一般老鼠进攻，一定会开膛破肚，雉鸡死相会更难看。

我知道许多当地人饲养雉鸡都是为了一年一次的狩猎刺激。

而我养雉鸡纯属观赏和喜欢。

我欣赏它们鲜艳多彩的美丽羽毛和清脆悦耳的动人叫声。它们每日"柯—啰—哆,咯—克—咯"的叫声,愉悦着整个山宅,但它们内斗残杀的行为也是我绝不能容忍的。

我和JJ说,我一定要将雉鸡群中的杀手揪出来!

观察了几日,只见雉鸡们啄食、喝水、下蛋、土堆洗澡、晒太阳,没有任何异常发现。

渐渐我发现了一点端倪。雉鸡中有一只雄性特别会叫唤,而且声音嘶哑,叫声颇怪,是那种"拷,拷"声,一叫声音传出老远。只见它双颊滴血般鲜红。头上二侧还竖着二撮蓝毛,好似一个怪兽。它不停地上窜下跳,总是在寻找着什么。最后我看明白了,它在寻找对手。

那只体形稍大,漂亮的雄雉鸡,因被它啄伤了头部,已被我单独隔离了。而最漂亮的红腹锦鸡因被它欺负的遍体鳞伤,也被我转移到了安全地方。

它一时找不到对手,竟然对比它大出几倍的火鸡挑战。

只见它发出响亮的"咯咯咯"声,斜趴着地,双翅"扑,扑"拍着,双眼紧盯火鸡,伺机而动。

那火鸡也是野生的货,是我和JJ在林子里散步,偶遇捡回家的。当时它才刚出生,大半年养下来,已从一个小绒毛球长成了一个傻大个,既皮实,又憨厚,一般不欺负其他鸡,但也不让别的鸡欺负上它。

我好奇心上来了,想看看火鸡的反应。

只见火鸡不紧不慢踱着小步,居高临下地盯着那厮,那厮"咯,咯咯"挑战性叫着,想找机会啄火鸡的头,没想脖子还没伸过来,火鸡便头一低,实实在在地啄了它一口。那厮不甘,扑腾着翅膀硬上,火鸡毫不留情地又狠狠啄了它几下。几

个回合下来,那厮一看不是火鸡对手,开始东躲西藏,而火鸡心气儿上来了,紧追不放,将它逼至一个死角往死里啄。我终于不忍心了,上前阻止了恶战,火鸡这才罢手。

据说雉鸡群里总会有这么一二只好战者,喜欢恃强凌弱,一旦开了头,别的雉鸡还会学样,雉鸡中弱小者们便会遭殃。

自从火鸡教训了那厮,雉鸡群安静了不少。

不过偶尔还见这厮时不时扑打着翅膀,发出一串怪叫声,寻机挑衅别的雉鸡。只是群里雉鸡学乖了不少,一见它近前,便躲得远远的,至少是惹不起,还躲得起吧。

达尔文说过:"优胜劣汰,适者生存。"这话在雉鸡群里也适合。

旱龟出走记

两只大龟中的一只出逃了。

这是一种非州旱龟（SULCATAS），据说可以长到二百磅左右，一般的宠物店很难寻到。

曾见朋友在后院养过两只。巨大的旱龟几乎占据了整个院子，看上去圆头圆脑，笨拙可爱。只见朋友和它们又是玩摔跤又是玩骑坐，看得我心中痒痒，起了念头也想养上几只。

东寻西觅了几年，终于很幸运弄得两只，也就茶杯盖般大，实在很难想象要多少年后才能长至二百磅。

三年下来，喂了一大堆蔬果，两个龟儿子总算有了七磅多点重，可离二百磅仍相差甚远。

　　有人教我，空间大点，龟会长得快些。因这种龟喜热怕寒，我便将两个家伙放在山宅西走廊，每天瞧着它俩在西晒阳光下不知烦倦地从这头走向那头，又从那头走向这头。也许是运动多了，它们胃口也大多了，那些天眼看着日日见长，我心中暗暗欢喜。

　　那天气候格外炎热，我寻思午后的气温已高达一百多度，恐怕龟们受不了石板地的烫热，想着帮它们挪到阴处，不想龟们已自己撞开栅栏逃之夭夭。

　　心中一惊，忙四下查找，终于在一灌木丛下找到一只正躲着避暑，而另一只却不见了踪影。我急急忙忙深一脚浅一脚往林子深处寻找，那可是蛇蝎出没的地方，四周尽是毒草虫蚁，但我想不了那么多，一心想找回这只走失的旱龟。

　　天色渐暗，林中偶尔响起一只孤鸟的凄鸣，周遭一切开始安静了下来，我想此时那龟也一动不动歇息了，找到它已无可能。

旱龟出走记

我的腿脚累得发软，心里却后悔不迭，明明这些日子天气过热，自己怎么就如此粗心大意。只知旱龟需要暖和，但并不是让它们去承受烈日的灼烤啊。

  好不容易将它们从茶杯盖大养到锅盖般大，这一只说没了就没了，我越想越自责，越想越心疼。

  第二日天刚蒙蒙亮，我便睡意惺忪地满山遍野寻找起那只龟。

  山中时常有野狗，山猫等野物出没，我独自一人在偌大的山林中漫无目地地寻找。我紧紧握着一根木棍为自己壮胆，心中毫无惧怕。

  几小时下来，太阳已爬上了天空，我几乎寻遍了自己能钻能走能找的所有地方，可那龟仍一点迹象也无。

  我失望极了，沮丧极了，灰头土脸回了家，望着孤零零的另一只龟，心中企盼那只会自行回家。

几天过去了,龟未回家。我放弃了它自动回家的念头,心中不免惋惜不已。

几周后,我总算恢复了日常生活,不再满山遍野地寻找它了。

那天早上,我喂了鸡后便去菜园子转转,不料竟看到菜园的门口趴着那只龟。

我兴奋地冲上前抱起了它,手舞足蹈地叫唤着家人过来看,心想这才叫踏破铁鞋无觅处,得来全不费功夫。

失而复得是生活的侥幸,而只有失去过,才会懂得珍惜。

我赶紧重新调整了两只龟的生活环境,让它们住进了舒适安全的地方,照料它们也更尽心仔细了。

我每天看着它们,心中盼着它们快快长大,想着有一天与它们玩摔跤,玩坐骑呢。

山宅与鸟儿

我常常眺望窗外。

窗外有一个喷水池,吸引着各种各样的美丽小鸟飞来这里欢欢喜喜地喝水,洗澡,歌唱。

我躲在窗后,一看就是半天,双眼舍不得离开。

这些充满活力的鸟儿,有些叫得上名,有些叫不上名。

比较常见的有加州冠蓝鸦,家朱雀,家雀,鹌鹑,火鸡,乌鸦,老鹰和捉鱼的鸬鹚等。

时间久了,我能分辨出鸟的语言。

当乌鸦在你头顶上飞来飞去,"哇哇"大叫不停,周围肯定有了险情。果不其然,一天在乌鸦的报警声中,我发现鸡群被山猫偷袭,有二只已被咬死在地,另外几只下落不明。

有时也会听见鸟儿绝望的叫声,出去探个究竟,却见一只老鹰紧抓着一只蓝松鸦不放,蓝松鸦使劲在地上翻滚挣脱,仍敌不过大它许多的老鹰。我赶忙冲过去,一路追赶解救弱者,老鹰不得已放弃嘴上猎物,蓝松鸦这才鹰嘴脱险。

鸟儿也喜欢在山宅做窝孵蛋。山宅的石墙缝里常有"叽叽"叫声,一边鸟妈妈钻进穿出忙个不停。

一天我正浇花,又听头顶有"叽叽"叫声,抬头却见两只小家伙探出小头,好奇地看着我。而鸟妈妈藏在附近树上,急急发着警告声,那二个小脑袋又藏了回去。

隔天再去看,墙缝里"叽叽"声没了,也不见鸟妈妈的身影。

再给花浇水时,却见几只小鸟扑腾在花草丛中,飞不高也飞不远,树上的鸟妈妈一直发着关注的叫声,正引导它们练飞呢。

最喜欢一对家朱雀蹦蹦跳跳在阳台栏杆上唱着好听的

歌，一时我还以为山宅来了一对小黄莺呢。

据说家朱雀是一夫一妻制，常看见两只鸟儿秀恩爱，母鸟会撒娇让公鸟喂食，而公鸟不停晃头摆尾唱着情歌，以讨母鸟欢心。

其实公鸟长得比母鸟漂亮多了，红头红胸很是讨喜。

园内一池锦鲤引来一只鸬鹚的窥伺，乘人不备，便将锦鲤叼出池面。鸬鹚有一双长腿和锥状的长嘴，是捕鱼高手。我只好在锦鲤池面罩上一网，但仍能看见它的影子在鱼池上空不甘地徘徊。

有时坐在园内看书，面前一阵"嗡嗡嗡"声，抬眼只见一只蜂鸟急速拍打着翅膀面对着你，触手可及。立即掏出手机抓拍，它却又"吱"地飞远了。

鸟儿是热情而充满活力的。也许山宅有喷水池的缘故，近年鸟儿越来越多，来来去去很是热闹。

  一天,突然飞来上百只小鸟,"叽叽喳喳"叫着挤满在窗前大树上。正当我看得入神时,它们"噌"地一下又飞得无影无踪,天空中不见了翅膀的痕迹,好像它们不曾来过。

  我久久回不过神来。

  春来秋去,不同的鸟儿们来来去去,有些则在山中安下了家。

  在山宅,我已习惯了和鸟儿们一起分享山中阳光和雨露的日子。

  有了它们,我的生活充满了乐趣和生机。

鹦鹉 Bruce

家里来了一个新成员,儿子为它取名 Bruce。

Bruce 是一只鸟,学名黄颈亚马逊鹦鹉。

Bruce 披着一身绿色的羽毛,头顶一簇黄色,两只眼睛骨碌碌的,很精神的样子。

初见它时,它只有五个月大,性格十分敏感。去宠物店选鸟时,开始并未看上它,因为它不亲人。只要走近它,它便紧张得大叫乱咬,到处逃窜,挺不好弄的样子。

只是店主推荐说这种鸟需要训练,时间长了会亲人的。它和普通鸟不同,智商是人的二至五岁,最重要的是它能学人话,还会学唱歌。

我这人容易被忽悠,一听这鸟可以学说话,唱人歌,

想想都好玩，脑子一发热就将它带回了家。

我为 Bruce 准备了两个空间，一个是晚上睡觉的笼子，一个是架养用的铁盘，可以放置水和食物及挂各种玩具。

我又上网遛了一下，发现这种鸟是非常抢手的宠物鸟，据说它是一种说话能力很强的鸟宝，只要训练得当，它会令你"叹为观止"。中国有一只网红黄颈亚马逊鹦鹉因为会唱"黄土高坡"而圈了许多粉。

刚到家的 Bruce 却令我十分失望，它实在是太安静了，基本不发声。只有我靠近它时，它才发出乌鸦般嘶哑的叫声拒绝你靠近，若我再进一步想用手亲近它时，它会攻击性地咬你，并发出极难听的叫声。

第一天我的手就被它咬出了血。我有点想将 Bruce 退还店主，店主却说鸟儿还小，认生，先不要试图触碰它，让它先熟悉环境，慢慢适应。亲近鸟一定得学会耐心，而且这种鸟没有主人概念，只有伙伴关系。

鹦鹉Bruce

我只有认了。

最初的日子，Bruce真成了我大爷。每天我好吃好喝伺候着，还要不时被它欺负。

几天后，它有点认识我了，听见我说话声会回应，也会伸出前爪和我试探性握手。高兴时还会发出婉转悦耳的欢叫，也让我抚触它的前胸，但一碰摸它的头和背，它就会警觉地回避，并张大嘴试图咬我。

它很挑食，只喜欢瓜子类的，但也喜欢吃胡萝卜、苹果和香蕉。

三周后的一个早上，Bruce突然生病了，不吃不喝也不叫，缩在笼子里怎么也不肯出来。

我急了，四处找兽医，哪知有的预约要等到第二年的一月，快的要也三天以后。

好在下午Bruce精神开始好转，开始喝水吃食，但使劲

拉稀。我还是十分担心。

　　好不容易等到预约那天，我送 Bruce 去动物诊所，诊所竟不让我进门，只让一个医生护理出来，从我手中接过 Bruce，便让我回家等消息。

　　我在家眼巴巴等了几小时后，医生终于来了电话，说要给 Bruce 做一个全面检查，找一下病因，然后开了十四天的抗生素，帐单数目高得令人乍舌。

　　医生告诉我，这种鸟很聪明，寿命很长，最长的一只鸟曾活到一百零五岁。因为人类的捕捉，现已濒临灭绝，许多地方已禁止买卖。在中国养这种鸟还得持有证书，因为黄颈亚马逊鹦鹉属于国家一级保护动物。

　　天呐，本来只以为 Bruce 只是会学人话和唱人歌，没想到它还是个稀罕物！

　　不过医生护理则对我说，这种鸟属于野鸟，不好养，很凶的，会一辈子对你凶，教不好的。

我不信她的话。

我用香蕉拌着药喂Bruce，它毫不怀疑大口吞下，眼见它一天天又恢复了正常。

屈指一数，Bruce在山宅已生活了大半年了。

它开始会吹好听的口哨，也允许我摸它的头和背，一摸它的头，它的羽毛就会竖立起来，撑得头圆圆的，两眼亮晶晶的，像一只小猫头鹰，可爱极了。在我的抚摸下，它会发出亲昵的撒娇声，也会站到我手臂上，陪我在房间内四处走动。平时它从不乱飞，站在架子上安安静静就是一天，偶尔会唱唱鸟歌，一听见我的说话声，便会发出孩童般声音召唤我。

我每天教Bruce学说话，感觉它很努力地学习着。它开始会说"Hello"和"I love you"，也会吹JJ教的"we will rock you"口哨，最令我欣喜的是，它竟然也学会了唱"黄土高坡"，只是咬字还有些含糊。

　　Bruce开始信赖我了,我们的关系每天在进步,这种感觉很美好。我知道我还需要用极大的耐心去训练它,它也有一个漫长的学习过程,但一切将会很新奇,也很有趣。

姐弟猫

养猫的本意是抓老鼠。

对于猫,我一直认为它们是自私冷漠的动物。

也许与这一对姐弟猫有缘吧。当朋友告诉我它们是纯种美短,我立马决定领养,全然不顾家人的一致反对。

我的理由十分充足:山宅鼠患成灾,而美短最早源自英国,跟随"五月花"来到美国,在"五月花"船上的任务就是逮老鼠。

一位养猫朋友听着乐了,她说她住的宅子里,猫鼠都在同一饭盆吃食,互不干涉,和平共处,养猫当宠物玩还行,抓鼠,没门。

我闷了。

我仍嘴硬,有猫在宅里走动,吓吓老鼠也行。

那日风和日丽,一个阳光帅气的大男孩将两只一岁左右的美短猫送上了山宅。他也是这两只猫的原始主人,因为要回国创业,不得不找人领养他的一对姐弟猫。

第一眼,我便看得明明白白,自己领养的是宠物猫而非捉鼠猫。那胖嘟嘟的脸,骨碌碌转动的圆圆大眼睛,娇滴滴的"喵喵"声,以及随身陪嫁物,都证明了它们是在极其富裕的环境下长大的。

男孩带来了各式漂亮的猫玩具和二套自动饮水器,二套自动喂食机,二套自动猫厕,及一人半高的猫树。养过宠物的我一惦量便知这是价值不低的陪嫁。我和男孩说我愿意买下这些陪嫁物,可男孩爽快地摆手说,要不是回国创业,绝不会轻易将它们送人,看你也是爱动物的人,也就放心了。

纯种猫到底与土猫不同,因从小受人宠爱,养尊处优惯了,便没了土猫在外流浪漂泊的胆怯、惊慌、怕人的毛病、

姐弟猫

这姐弟刚来山宅几天,便东跑西钻,上蹿下跳,将家里上上下下、角角落落都摸了个遍,然后就大模大样,安心自如地住下了,没有一丁点儿的不安、小心和自卑,好像这儿就是它们自小长大的家。这让我一开始感情上就与它们拉近了距离。

出生只差一天的姐弟猫,姐姐娇小敏感,弟弟圆胖憨厚。

姐弟俩性格非常不同。

姐姐有着一张小老太婆般皱巴巴的脸,身子则跳上跳下十分灵活。它胆子比较大,猫盆空了,它会不停地大声叫唤,提醒我该喂食了。有朋友来家玩,它也不认生,直往朋友膝盖上跳。它还常常眯着双眼打呼噜,弄得房间里像闹鬼似的。

弟弟则比较害羞,它一般不主动往人身上扑,但却会用它那大尾巴撩你。它的叫声很轻很细,喜欢安安静静地趴在你身旁,瞧着你忙这忙那,又趁你不注意时,伸出爪子撩你一下。

我特别喜欢它俩吃罐头猫食的模样。一看我开罐头，弟弟就用大尾巴不停地扫着你的身体，姐姐则不停发出"喵喵"的欢喜声音，然后它们才开始斯斯文文，品味起美食，一副绅士淑女样，透着天生的贵气。

俩小家伙特别黏人，喜欢追着你的脚后跟跑，走哪跟哪。

我躺在沙发上看书，它们便跳上你肚皮，拱啊拱啊的，给你的肚皮来个马杀鸡，完了便舒舒服服蜷曲在你怀里打着呼噜睡觉。

当你在健身房撸铁，双手举着哑铃一上一下，一左一右时，两颗小脑袋也一上一下，一左一右，如士兵操练般跟着你转，显得十分可爱又有趣。

姐弟俩还经常互相追打玩闹，劈啪玩球，抱着睡觉，舔来舔去，很是亲热。

弟弟调皮起来不声不响，东钻西藏的。有一次，它竟钻进酒窖睡起了大觉，被家人不小心关在里面出不来。姐姐

急得上蹿下跳，不停地朝家人叫唤，声音急促又尖利，这才引起了家人的注意，然后家人在它的带领下，将弟弟救了出来，它这才安静了下来。

如今，姐弟猫已在山宅生活了十年有余，原先家人的一片反对声早已换成了一片喜爱声。我和家人早已习惯了两只猫儿每日在山宅闹出的动静和声音，它们为我们的生活增添了许多情趣和热闹。

我不再认为猫是自私冷漠的物种，反而觉得它们虽然不能言语，但它们也有欢歌笑语，也有难过乞求，它们的无声里藏着许多与人共通的情感，这吸引着我走近，再走近它们。

Coco小姐

Coco是一只比熊犬,也是我家的宝贝宠物。它是女儿身,有着一双亮晶晶的大眼睛,扁扁的圆脸上嵌着一个黑黑的小鼻头,披一身白色的卷毛,走起路来摇头晃脑,可爱极了。

Coco的神态永远是慵懒无辜样,脾气又格外温顺,全家老小都十分喜欢它。

喜欢归喜欢,数落起来,Coco的毛病还真不少。

Coco小姐虽说是法国名犬,可行为举止却是坐没坐相,走没走相,吃没吃相。虽然我们花了昂贵学费,送它去狗学校学习,可对它来讲,效果不大。它的天性就是我行我素,不大管得住自己。为此,它没少让家人感到尴尬。

先讲它的坐姿吧。要让这位Coco小姐规规矩矩坐下,十分不容易。你给个指令叫它坐,它会装模作样地蹲上几秒

小时候的儿子与Coco

钟,乘你一个不注意,它就开始四叉八仰地躺在那儿,一点也不怕难为情地裸露着它的胖肚皮,得意洋洋地瞅着你。平时家里来了客人,它更是按捺不住那兴奋劲儿,第一个冲上前去,又扑又跳地叫个不停。你想让它坐下保持安静,根本做不到。

再说说它走路姿态吧。一般训练有素的狗狗们,通常是紧跟在主人左边,目不斜视,周围再大的动静也不会引起它们的反应。而Coco倒好,一路走着,东嗅嗅西闻闻,碰上什么东西都会大惊小怪的。刚刚还走得好好的,前面稍有动静,它会不顾一切"嗖"地一下追了出去,你再怎样想喝住它,也无济于事。

如果路逢狗友,Coco的打招呼亲热劲儿,让我们感到好丢人。它会不管不顾一头钻进狗友的屁股下,使劲儿地闻着,嗅着,拽也拽不动。我们这些狗主人们也只好面面相觑,不好意思地笑笑了之。

　　说到吃相，Coco更是毫无淑女风度可言。它的胃口出奇地好，给它食物总是风扫残云般几分钟就消灭得干干净净，从不剩下半点。吃得高兴时，嘴里还"呜哩呜噜"的。当我们围桌吃饭时，它会立起小身板，不停地作揖，强求你分食给它，一副非吃不可得模样。因此，它的体重直线上升，圆圆胖胖的体态更让她显得憨厚有趣。

　　因为吃得多，Coco的屁就多。它会不分场合、时间、地点，想放就痛痛快快地放。它那里倒是酣畅淋漓，我们这里却尴尬不已。

　　记得有一次，家里来了一个工人修电脑，JJ在一边看着。不一会儿，房间里弥漫出一股怪味，奇臭无比。JJ以为是那位修理工，心想此人也太不检点了。待那位老兄一离开，JJ赶紧开窗放"气"，但臭味仍此起彼伏，经久不散。这时Coco又在他身边大大方方，不紧不慢地"噗"地一声，放出一个非常响亮的屁，JJ这才恍然大悟。

　　Coco还有一个毛病：爱打呼噜。周末朋友来我家打牌，它老兄可好，趴在桌子下呼呼大睡，鼾声大作，那鼾声竟如人一样，时轻时重时缓时急，弄得朋友们都不敢大声说话，捂着嘴偷笑，生怕扰了Coco的美梦。

　　Coco虽然肥胖且毛病多多，但极少生病。但有一天，它闹出的动静着实让家人为它虚惊一场。

　　那一夜，家人突然注意到它躺在窝里不动弹，身旁的水和食物也不曾碰过，连平时它最喜欢的晚间散步也引不起它的兴趣。门口有动静，它也懒得叫唤，一副无动于衷的样子。这可将家人给急坏了。连夜抱着它去医院急诊，可医生检查半天没看出毛病，便开了止痛药让我们带它回家继续观察。

　　Coco仍在被痛苦折磨中。全家人为之心急火燎，一夜未眠。第二天，又带它去了家庭医生处。家庭医生挺负责的，又是为它抽血，又是照X光的，折腾半天仍找不到毛病所在。

　　正在大家纳闷之中，突然间，我发现Coco眉眼间长了一

个小肉瘤，问医生怎么回事？医生一看便笑了，说原因找到了。那是一只虱子，可能遛狗时惹上的。这种小虫一旦钻进动物体内便不停地吸血，将自己喂得又胖又大，乍一看像个肉瘤。它会让小动物痛苦不堪，严重的甚至会导致瘫痪。医生说只要动个小手术便没事了。

小手术后，Coco果然如医生所料立刻恢复了常态，又吃又喝，活蹦乱跳了起来。

Coco三个月大来到我们家。它陪伴着我的一双儿女一起长大。儿子上初中时，Coco正好十岁。有天，儿子问我，等他上了大学，Coco还会活着吗？这话让我黯然神伤，说不出话来，因为Coco的寿命只有十五年左右。

Coco终究不可避免地老去了，它开始步履蹒跚，听觉不灵，老眼昏花，整天嗜睡。

它临走的前一天，我们还带它去了医院检查身体，医生说它一切正常。

回家后，Coco还撑着老迈的身躯上楼陪JJ睡了一个午觉。

没有人意识到Coco会说走就走。

Coco走的那天正好是感恩节。全家人都在。只记得当时，整个屋子响起Coco一声凄然的大叫，声音在整个房间久久回荡。等我们从各自的房间里冲出来，围在它身边时，它已永远地睡去了。它的那声叫唤其实是在向我们作最后的告别啊！

Coco永远离开了我们。但我永远不会忘记，我们曾经有过这么一个可爱而顽皮的毛孩子，它不会欺骗我们，对我们充满信任，它没有名利需求，只和我们一同享受着阳光，雨水和亲情。它为我们全家带来了无穷的乐趣和喜悦，它那亲切可爱的模样，构成了和谐美好的生活氛围，抚慰着我们的心灵。那一刻，我忽然意识到Coco在我们家存在的特殊价值，心里徒然一片凄然和苍凉。

那年的感恩节，Coco正好十四岁。

我家Lyla

Lyla是只德牧,来山宅时才出生几个星期。它的毛色黑黄油亮,胖胖的四只大脚掌,虎头虎脑的样子,十分招人喜欢。初次见面,它胆子有点小,我们说话声音稍大一些,它就会吓得往地上一趴,瞬间留下一泡热腾腾的尿。

全家上下视它为宝贝,整天抱着亲着和它玩。眼见它一天天长大,出落成一个大姑娘了。

它有着九十多磅的体重,温柔又固执的眼神,尖尖竖着的双耳。

它喜欢满山遍野找石头玩,身上经常弄得脏兮兮的,但狼狗的精气神从来不减。

它性格大大咧咧,找不到一丝大姑娘的矜持和优雅。

对视

和朋友带着它散步,走着走着就在众目睽睽下大模大样地拉屎,臭熏熏的不说,它还得意地回头朝我使劲摇尾巴,弄得我十分没面子。

本指望靠它看家护院的,却发现它对人有天生的亲近感,只要是个人,它一视同仁地摇尾乞怜,以示友好。它的友好特别憨,是那种不分里外,不知轻重往人身上猛扑的友好,拦都拦不住。

让它看家护院,我觉得对它期望过高了。一次 party,有新朋友在它面前大摇大摆进了家门,她竟一声不吭还友好地使劲摇尾巴,这让我觉得它很失职。查了一下它的家谱,发现它母亲就是个为残疾人服务的狼犬,这基因的作用还真是大啊。

为了培养它具有淑女的教养和狼狗的威武,曾经在它幼时陪它去上狗学校。可它偏偏是个不经世面的家伙,看到其他狗同学,它会紧张得叫唤不停,整个课堂属它最闹。这

还不算,它还毫无顾忌地在教室里当众拉屎,整个教室一时臭气熏天,其他狗家长们不好说什么,却已面露愠色,而它却摆出一脸无辜样。

它胆小,嫉妒心却极大,当我喂养别的小动物时,它会不满地大声叫唤,拱我,直到我往它嘴里塞点好吃的才罢休。

它更是个成事不足,败事有余的主。有鸡逃出了窝,它会跑前跑后帮我赶鸡回窝,我刚想表扬它几句,它"呼"一下又冲进了孔雀群里,逮着一只孔雀,抓了一把孔雀尾巴毛向我邀功。

一见曾经美丽的孔雀成了只秃尾巴鸟,我是又气又火,想找东西抽它,又舍不得,只好恨恨地将孔雀毛带入家中,插入花瓶当花赏。

我不明白既爱惹事又爱管闲事的Lyla,为什么能深得大家的喜爱。家人们则异口同声赞道,它善良,憨厚,阳光,快乐,真实,永不记仇。

Lyla 走失的夜晚

生活中总有一些小事不经意地发生,让人心生感动。

话说那日夜幕降临,我家爱犬 Lyla 却跑得不知去向。

只见它窝里洒落着一些红色血迹,才知它的例假又来了。

因为宠爱它,一直没舍得让它受苦遭罪去结扎,不曾想麻烦悄然而至。

它第一次离家出走,是由邻居送回了家。才知邻居家有二条大男狗惹它心痒了。以后它再跑开,我们便不再担心,知道只要穿过一片树林,就可以在邻居家找到它。

可这次它真的跑丢了,邻居家竟没有它的身影。

黑暗中的山宅,除了归鸟凄鸣,便剩下我们经久不息回荡在夜空的呼唤,而它却始终没有回应。

龙腾虎跃

两位懂狗的朋友，见状便说恐怕这几日不会回来了，它一定是发了情，不顾一切去寻偶，这种由内向外而发的欲望是无人可以阻止的。

山宅的夜晚并不平静，常常有野狗和山猫出入。前些日子就有野兽扒了铁网，钻进鸡窝咬死了二十多只鸡和鸭，附近山沟里也曾发现一只被吃得只剩一半白骨的鹿身。

如此这般，Lyla夜晚出走着实让人揪心焦虑。

最担心的是Lyla的性命。据有经验的人说，山中野狗喜欢成群觅食，它们常常会派一只野狗勾引家狗，一旦成功，埋伏四周的野狗便会群起而攻之，家狗便立马成了它们的一顿美餐。

或者Lyla与山中某只野狼偶遇，任性交欢，日后产下一窝小杂狗那可咋办。

Lyla脖颈上的铃声已然消失，山宅的夜却失去了往日的平静。我们守着电话直至深夜，最后JJ对我说，睡吧，太晚

了。这么大的狼狗，别人见了也不敢近身的。

疲惫，着急，无奈之下，我和JJ只好去睡了。迷糊中，JJ手机响了，惊醒了我们，JJ猛跳下床，捉起手机却又失望放下，说电话号码来自外州。

深夜，手机"叮"的一声又让我的心抖了一下，手机留言终于有了Lyla的消息。

是一个美国姑娘的声音，说她家院子里有只迷途大狗正在"呜呜"徘徊，查看狗脖项上的挂牌，便打了电话给我们。

兴奋，惊喜，感激之余，才知Lyla翻山越岭竟然迷了路。

我和JJ在黑夜中绕着山间小道行驶半天，终于在另一个山腰上，看见一位年轻姑娘手牵Lyla静静等待着我们。

此时已是半夜时分，天边星光熠熠，姑娘和狗相伴的身影在星空下显得格外动人。

　　和姑娘道谢分手后,耳边仍响着姑娘的话:"已给它喂了食物和水,它能回家,真的高兴。"

　　姑娘的话湿了我的双眼。

　　一直离开很远,我仍可以感受到姑娘的声息穿过山林,感动着我们的心。

告别 Lyla

决定了和爱犬Lyla告别的日子,心中才知有多么的痛和不舍!

Lyla安乐死的前一晚,我和JJ辗转反侧,一夜无眠。

心中再有万般不舍,还是忍痛放它而去,不忍心看它再受病痛煎熬。

Lyla陪伴我们整整九个年头了。

九年前,去旧金山机场接它的情形仍历历在目,仿佛就在昨天。

那是个夜晚,我和JJ兴奋地去迎它,还未见身影,宏亮的吠声已远远传来。不一会儿,一个毛茸茸的小家伙便出现了。一身发亮的黑棕色毛,摸上去刺刺的。一双无辜的大

永远的Lyla

眼睛瞪着我俩,爪子很大,肥肥厚厚的,右耳竖着,左耳耷拉着,地地道道的纯种德牧。

纯种狗的特点就是长得帅气!而且干净,对人友善,在任何人面前都是摇尾卖萌,腻腻歪歪的,尤其对小孩子,更是不离左右的呵护。

Lyla很忠诚,山宅只要有一点儿动静,它就会狂吠不已,若带着它散步,一看见鹿、兔子、臭鼬之类的动物,它就会窜出去追赶,以示勇猛。有它在山宅陪伴,感觉十分安心。

Lyla的生活很简单,只要吃好睡好,撒欢儿跑,有主人疼,它就十分满足了。

四个多月前,它的右肩胛骨突然长大了不少,像驮着一个大馒头,左右开始明显不对称,身体也消瘦了许多。去医院一检查,结果是骨癌,还是最凶险的那种。医生说可以手术截肢和化疗,但经验告诉他,效果不会理想,最多多活几个月而已。我原以为它至少可以活过十几岁,最坏的病也只

不过是关节炎,万万没想到Lyla摊上了不治之症。考虑到不想让Lyla受罪,我们决定放弃手术和化疗。我们问医生,它还能活多久,医生说可能几天,几周,或许几个月,等于没回答。

狗对疼痛的忍耐,是会让人心生敬意的。听医生说,这种骨癌非常疼痛,需要吃止疼药来缓解。Lyla常常因疼痛走路巍巍颤颤的,但仍每天撑着病体在山上陪伴着我和JJ上上下下。它的叫声少了许多,但只要有一点点精神头,它仍会像以往一样很尽责地叫上一阵子。小外孙来山宅玩,它会吃力地跑前跑后地守护他,一看小外孙摔了,会着急地上前舔他,画面很是让人感动。

Lyla很懂事。在生命最后的日子里,它的胃口已很差,我们专门买它喜欢吃的肉干喂它。JJ每天会将止痛药裹在肉干里喂它,它则会吃了肉干,又将药丸吐出来,JJ便说,你得吃啊,吃了药后你就不痛了,它就乖乖吞下了药。

  Lyla十分爱干净。Lyla躺倒的那个早上，我们发现车库门边有它拉的一泡稀大便。我们不知Lyla半夜里是如何完成这件事的，但我们知道它一定是拼尽了全力。从那以后它就再也无法起身了，而它愣是躺在垫子上二天一夜憋着不拉屎不拉尿。直到后来，它生命中最后的一股尿流终于憋不住了，汹涌而出，流淌在整个地面，我们知道是时候和它告别了。

  Karen医生来了。她非常温和，也很专业。她先详细介绍了安乐死的每个步骤，然后让我们一一和Lyla告别。告别时，Lyla直怔怔地盯着每一个人，眼角流着泪，嘴里发出"呜呜"声，好像对我们说："对不起了，不能再陪伴守护大家了。"我们轮番抚摸着它的头，亲吻它，说着告别的话，相拥而泣。

  Karen开始注射了第一针。她说这针下去十分钟左右，Lyla会痛感消失，感觉十分舒服，但它的意识还清醒，能听到我们的声音和感受我们的抚摸。十分钟后，Lyla果

然明显放松了，它的肚子竟然发出一阵响动，憋了两天的屎也在生命的最后一刻排泄了出来。Karen在我们同意之下，又注射了第二针。这针类似手术时的麻醉药，一针下去，Lyla就慢慢睡去了，而第三针是决定Lyla生命的终止，针液是从后腿注射进去的，Lyla在JJ的抚摸下终于平静地停止了呼吸，一切进行得很顺利。

最后，Karen用剃刀细心地将Lyla脚掌毛剃去，在一个小盒里按下了它的爪印，交给我们。再用两床干净的小被单将Lyla仔细裹好，轻轻放上担架，抬上车去，让我们再一一和Lyla做最后的告别。

Lyla永远地走了！

我和家人心中的离别之痛久久挥之不去。我不能想像，没有了Lyla的身影和吠声的山宅会是怎样的，会不会寂静得让人感到孤独和不安？

唯一值得安慰的是，Lyla在家人的精心呵护照料下，最

终度过了它九周岁生日（12/28，2023），并陪伴我们迎来了2024的新年。

在Lyla生命终结的最后时刻，我们能为它做的就是让它在家人的陪伴下，舒舒服服，干干净净地告别生命，同时也维护了它作为一条狗的尊严。

Lyla曾经带给我们无尽的快乐，如今也让我们承受着无限的离别之痛。

Lyla安息吧。

疫情中的山居生活

疫情中的桃花源

以为逃离中国就安全了,没想到疫情在美国相继爆发,情形比中国更糟!

那日,墨西哥园丁哈米对我说以后几周不来山宅工作了,因为疫情他不得不禁足在家,他家中有三个小孩,妻子又即将生产,还是剖腹产,他不敢冒险与病毒玩捉迷藏游戏,语气充满无奈和无助。他此时正和几个伙伴将我的天鹅池完工蓄水,而剩下的扫尾工作如装水笼头,电灯及 pump,可能要等疫情过后了。

哈米长得高大帅气,性格幽默风趣,而且还十分能干,我们都非常喜欢他。我塞了一个红包给他,是给他的新生儿。他愁苦地说一个月还能熬,若是几个月或一年,那可怎么办。我内心很希望他照旧来我家打理山宅,自从他来

　　了后,山宅花草果木一切都被打理得井井有条,干干净净,让我省心不少。我本想趁最近有雨再种植一些花木,调整几棵果树的位置,并将孔雀、天鹅、雉鸡笼装上照明灯,再整上一块新的菜地,而这些都离不开他的帮助。可眼下这种情况,生活的日常秩序因疫情而停摆,真的很不习惯。

　　春节在中国时,身在疫情泛滥之中竟然毫无危机意识。当时各路朋友都呼唤我们早早逃离中国,我们却还在中国封城、封区的环境中四处逍遥。最后终因经不住朋友们的一再催促,才几经周折换了回程机票,并顺便带上了婆婆和妈妈同行,一切似乎都很顺利。

　　回美的第一感觉就是蓝天白云,阳光明媚,空气清新,不用戴口罩,生活又回到了正常状态。只是十四天的自我隔离还是要做的,这也是一种社会责任感。本以为十四天后便获自由,不料真正的危机才刚开始。

　　刚刚欢天喜地结束自我隔离迎接自由生活时,美国的

电视便开始了铺天盖地的新闻警示,纽约、华盛顿州、加州突然间成了疫情最严重的区域,而中国那边反而消停起来。美国开始不安分了,不仅美国,世界许多国家都开始不安分了!新冠病毒仿佛有备而来,一鼓作气地侵入到了地球的每一个角落,一场世界范围的病毒战争开始了。各国告急,人心惶惶,而新冠病毒又极狡猾而诡异,好端端的一个人,啥症状也没有,却是病毒阳性,走哪传哪,世界各地成千上万的人被感染,死的死,伤的伤,许多国家因为毫无防备意识而措手无策。一时间谣言四起,纷争不断,可信的,不可信的,悲观情绪,乐观态度,此起彼伏,局面十分热闹而混乱。这时我才意识到我们已身处困境,危机四伏。特别是加州州长呼吁全加州居民居家隔离,结束日期另行通知,否则加州一半以上人口会被感染,我们心情的沉重和紧张更是驱之不走,挥之不去,如今想想,先前对病毒的无知无畏实在可笑之极。

形势所迫,我们重新又开始了自我隔离生活。

日子还是得过的,并且还要好好地过!好在山宅有活可干,每天去室外剪剪花枝,种种蔬菜,喂喂鸡鸭鹅及孔雀、天鹅,然后回室内泡个热水澡,砌一壶清茶,读书弹琴看剧,日子也就一天天过了下来。

可叹的是有些事自己是干不了的,比如种果树,开垦土地,搬肥运土,这些强体力活也需要园丁哈米他们才能完成,此时此刻特别希望疫情早点结束,一切回归正常。

生活悄无声息地变化着,我们被病毒软禁家中,几乎足不出户,社交活动已降到零。这些日子最担心生病,一个喷嚏,几声咳嗽都会紧张地联想到中"枪"。只有山宅的动物们毫不知情地快乐着,雄孔雀们争相开屏,黑天鹅们在水中嬉戏舞蹈,几只鸡和鹅正忙着趴窝孵蛋。鲜花在春雨和阳光交替中芬芳盛开,果树不甘落后地长出新芽,结出小果,菜园里蔬菜长势兴旺,茂盛诱人,大自然的一切并未受到病

毒的影响而改变，依旧美丽动人，它们的真实存在给我们每天的生活带来了快乐、喜悦、纷繁和宁静。

好友在危情之中为我送来了十四个受精雏鸡蛋，我悄悄放在乌鸡肚皮下孵着，希望二十多天后会有惊喜出现。

平静生活中仍时时关心疫情，据说中国的强制性控制，新加坡的人性化控制及韩国、日本的民众和国家步调一致的控制，相对而言让疫情有了明显转机，而欧美国家目前仍在疫情肆虐中紧张应对。开始说不用戴口罩，勤洗手就行，弄得大家出门戴上口罩会十分不自在，有人戴上口罩甚至还受歧视。后来又有了新的说法，说病毒会在空气中存活八小时，出门在外必须戴口罩！欧美感染病毒的人数仍在持续上升，死亡人数也在增加。我最为那些被病毒夺去生命的人悲痛，我无法想象一个人临终时没有家人陪伴而孤独窒息惨死的情景是多么的悲哀。这是一场没有硝烟的战争，敌人很狡猾，很聪明，让自以为是的人类显得如此脆弱渺小和无能。

  禁足在家的朋友们开始各显神通,变着法子找乐趣了。有亲手搭建太阳房的,有养花种菜的,有网络习舞学画的,有变着法子做美食的,有读书练书法、陶冶性情的,有在家利用桌椅自建健身房练功的,而我则在山宅的自然环境中过着与世隔绝的田园生活。

  这些日子,婆婆和母亲已搬来山宅与我们同住。我们呼吸着山中新鲜空气,沐浴着新春的阳光雨露,收获着自家的土鸡蛋、鸭蛋、鹅蛋和有机菜,日子过得清闲而不腻。这里"芳草鲜美,落英缤纷,阡陌交通,鸡犬相闻",我们真正成了疫情日子的桃花源中人了。

我中招了

我竟然"中招了"!核酸检测阳性!

都说现在的新冠已不可怕,就如同普通感冒一般,喉咙痛二天,发点小烧就没事了。

可它一旦落在我身上,却让我受尽折磨,苦不堪言。

先是晚上喉咙痛,然后开始发烧,最初感觉的确如普通感冒。

第二天早上,竟然头不疼了,嗓子也好一些,我以为慢慢就会好起来了。

不料两个时辰后,身体便又开始发烧,病毒毫不客气地在我身体里大肆折腾了起来。

先是全身皮肤生疼,感觉皮像被刀片刮去了一层,不

能触碰。再是头疼,好像一个大勺子在脑子里剜了一个洞,然后勺子便在里面螺旋上升地搅来搅去,搅得你恨不能一刀将头砍了去,一了百了。除了这些,便是鼻子堵塞,鼻中像有一团浆糊贴在那里,使你无法呼吸,喉咙口则干裂得像两片点火即着的干柴,拼命喝水也无济于事。整日地干咳,感觉有痰,硬是咳不出,咽不下,夹在胸内让你发不出声,一说话便窒息,每吐一个字,得使出全身劲,无法进食,食物的气味让我恶心,腰背酸痛……反正哪哪都不是。

第三天早上感觉症状又有好转,高烧退至低烧,能吃东西了。但一到下午热度又冲了上去,肠胃也开始不适,恶心,头疼欲裂,全身酸痛,病毒波浪起伏般地来来回回地折腾着,让我一时心灰意懒,看不到希望。

第四天实在抗不住了,开始吃Paxlovid。医生说这个药原本是针对delta病毒的,但也可以用在Omicron上,目前只给六十五岁以上人群使用,有副作用及后遗症的可能,药物仍

在实验阶段。此时的我已难受异常,全然不顾什么副作用、后遗症等,只想有药早让自己脱离苦海,即使当一次小白鼠也无所谓了。

药还真的管用!

第五天便退烧了,精神也好一些。只是嘴很苦,食物进入口中,不是咸加苦的混合味,便是甜加苦的古怪味。JJ每日精心烹饪,我却食之无味,开始以为他的烹饪技术不行,便试着叫外卖,一概的无味,才知自己味觉已失。

又煎熬了几天,每晚因为咳嗽和鼻塞无法成眠。

终于到了可以下床走动了,才发现腿脚之无力,虚弱到一动便喘,还汗湿了一身。

掐指一算,得新冠至今已半个月了。虽然PCR测试已转阴,可仍然感觉头晕,腿脚无力,味觉在恢复中,时不时还会咳。

不由又想起了那天的聚会,九人中八人不同程度上中招,感觉新冠病毒无时不在,无处不在,防不胜防。

  有朋友说得了新冠就有了免疫力,是好事。

  而我想说的是,新冠是个大恶魔,折磨起人来,如同地狱走一遭,能躲它还是要躲!

疫情中的婚礼

10月17日,是女儿生日。

她选择了在2020年的这个日子结婚。

女儿为了她的婚礼,忙碌了很久,最终定下了一个心仪的场地,地方不大,就在海边,那里有一个古老而宁静的屋子,还有沙滩、枯木、野草、斜坡,古朴诗意的一切透出一种低调的奢华。

婚纱及结婚请柬也一一准备好了,只待那神圣的一天来临。

不料好事却被疫情肆虐搅黄了。

疫情造成人们之间的社交距离,让如今的生活非同以往。

疫情中的婚礼

　　口罩已是人与人之间交往的安全保障。派对，聚会以及各式活动都开始在网络视频上进行，新闻不断报道着大批感染人数和死亡人数，最后连总统也不能幸免而中招。我和JJ尽量宅在山中，能不出门就不出门，每天的日子过的安静而平淡。

　　这种改变不由让我黯然伤神。

　　原本打算请一百左右宾客的婚礼，在这样的特殊时期，恐怕一切都得改变。

　　有人劝女儿延期婚礼，毕竟是人生大事，越隆重越好。

　　女儿不以为然，坚持婚礼在疫情中举行。她说我们无法预知疫情会延续多久，但这不妨碍我们做一个自由的选择，我们的选择便是不向疫情低头。

　　女儿的婚事一直不太顺利。

　　早两年，她和Anthony打算去日本举行订婚仪式，机

票、宾馆一切就绪，Anthony 的父亲突然重病住院，没多久便撒手人寰。

一切计划统统取消，一拖又是二年。

眼看着女儿成了大龄女青年，我心里真的好焦虑，想想自己在她那般年龄，她都已九岁出头。

再看 Anthony，从一个帅气小伙子到已近不惑之年的男子，再拖下去，我抱孙女孙子的希望岂不落空？

看着同辈朋友晒出的孙子，孙女小照，张张其乐融融，着实让我羡慕不已。

最初，我们并不看好 Anthony，觉得他有点夸夸其谈，大大咧咧，再加东西文化差异，怎么看都不满意。

想当年他凭十项运动全能，考上了耶鲁大学，却因家庭付不起昂贵学费，后来进了 Berkeley 大学。女儿和他在 Berkeley 有过交往，但毕业后便各奔东西。

或许是缘分未尽,女儿在洛杉矶好莱坞做了几年电影剪辑制片工作,恰逢Anthony也因钟情于电影编剧到了洛杉矶,一来二去,两人开始了真正的恋爱。

为了让女儿有个相对稳定的生活状态,我和JJ坚持让女儿回到旧金山,在我们公司工作,互相也可有个照应,Anthony自然也跟了过来。

这让我们对他有了近距离的接触和感受。

Anthony有着高高大大的个子,来家吃饭,总是甩着双手,啥也不干,但喜欢聊天,一张嘴便是海阔天空,好似没有他不懂的东西。

我只好亲自上阵,招呼他帮忙干这干那,他倒也愿意帮忙,只是此举遭来女儿一脸的不高兴。

JJ则摆出一副大家长姿态,对他居高临下,爱理不理,希望他知难而退,和女儿主动分手。

不想，这两人竟然同居了。

婆婆和妈妈又看不顺眼了，觉得这成何体统！

女儿急红了脸，说现在是什么年代了，俩老人还如此传统封建，太不可理喻了。

我自认自己还算开明，睁一眼闭一眼由着他们去了。

一次和闺蜜聊天，又提到了Anthony，觉得今后家里来了这样的洋女婿总是有点不着调。

闺蜜不同意。她说，这年头有多少女孩子渴望男人的爱，你女儿身边有一个爱她的男人，应该很幸福呀。

我无语。

女儿和Anthony就这样生活着，简单而自在。

爬山，健身，品酒，看剧，读书，会友，同进同出，如胶似漆，日子过得有滋有味，却不提结婚二字。

我和JJ知道棒打鸳鸯，是万万使不得的。转而改变态

度,用爱屋及乌的态度,试着接受Anthony。

随着了解的深入,我们渐渐也发现了Anthony的一些优点。他并不是那种心机深重,玩心眼的人,也不在乎世俗的眼光,更没有什么物质欲望,属于那种简单快乐型的。他爱家人和小动物,对女儿的关爱和照顾,也算细致入微。他最大特长是野外生存能力,若在山野丛林中求生,他一定是强者,或许这一点深深吸引了女儿。

说到底,儿孙自有儿孙福,我们不能以我们这代人的要求去对待下一辈,只要他们生活得健康快乐,我们也就安心了。

想明白了,心里的芥蒂也就消除了。我和JJ终于接受了Anthony,他和我们的相处也由此变得融洽和轻松了。

看着女儿和Anthony卿卿我我的同进同出,我这当妈的便开始了"逼婚"。

那一天,我又见到Anthony,当面表示了我的想法。

我直接了当问他:"你爱我女儿吗?"

他说:"爱!"

我说:"既然爱,是否会考虑结婚?若无这个打算,你就应该选择离开,否则我女儿的年龄真的耽误不起!"

他有些尴尬,支吾其辞说他会考虑。正巧女儿经过,目睹了这一幕,随即对我翻了脸,怒气冲冲地拉着他走开了。

逼婚失败!从此不敢再过问。

或许女儿大了,我这般操心和爱护在她眼里已成负担和绑架。感觉自己真的很背时!

我选择了对女儿的婚姻抱以心平气和的态度。

以后的日子里,Anthony在与我们相处间,变得越来越放松,开始不知不觉地溶入了我们的家庭。他终于向女儿求婚了!

婚礼按期举行。

疫情中的婚礼,没有人声嘈杂的宾客,没有热气腾腾的婚宴,只有空旷的林子和天空飞翔的鸟儿,为婚礼增添了几分趣味和生气。

婚礼在山宅的大 deck 上进行,亲眼目睹婚礼现场的只有我们一家,以及女儿和 Anthony 最亲密的六位朋友,外加一位专业摄影师。男方家因疫情的原因,只能在外州通过视频参加婚礼。

规模虽小,女儿和 Anthony 还是精心准备了婚礼,仪式感极强。他俩专门请人扎了一个大大的蒲苇和鲜花交织的拱门型花环,并准备了鹅肝,鱼子酱,香槟等各种美食和好酒。

家中大狗 Lyla 充当花童,脖子上的花环里藏着结婚戒指。

儿子跑前跑后地忙碌着音乐及接待工作。

一切就绪。

女儿挽着 JJ 的胳膊款款走来,身着一袭拖地的白色婚纱,

双眼溢满了幸福。

证婚人Chris开始了主持。

他的幽默风趣让整个婚礼气氛显得轻松快乐。他说起女儿为Anthony的生日精心做了一款特色蛋糕，而不喜欢甜食的Anthony，因为不想让女儿扫兴，皱着眉吃了一块，还强说好吃的故事。Chris说女儿和Anthony的爱情就像这蛋糕的故事，彼此都在想着对方，希望对方快乐。

轮到JJ讲话，他一开口就直白说，疫情中的婚礼，虽然受到了许多限制，但至少不用应付场面上的方方面面，感觉会比较轻松。而且戴着口罩的婚礼，也算是一种特色了。

然后他回顾了女儿九岁来美以后，我们一路陪伴她成长的点点滴滴。想当年陪着女儿学钢琴、舞蹈、游泳和滑冰，陪她去洛杉矶参加电影培训班的情景彷佛就在昨天。而不知不觉中，女儿已从一个不谙世故的小姑娘，长大成为今天婚礼上优雅动人的新娘，心中既欢喜又不舍。作为嫁女的

父亲,JJ那一份依依不舍的心情溢于言表。

儿子也和大家分享了他的心情。他动情地讲到姐姐对他生活的影响,以及在他受挫折时,姐姐给予的支持和鼓励。他和姐姐之间有着无话不说,充满信任的铁杆关系。他也夸赞了准姐夫藏在粗犷外表下那细腻和率真的性格。

儿子牵着Lyla上前送戒指,那大狗平时就喜欢女儿和Anthony,一见他俩,兴奋地嗷嗷叫着冲上去,拽都拽不住。

新娘和新郎在众人的祝福下,交换戒指并亲吻,然后开香槟庆祝,场面十分温馨浪漫。

我沉浸在婚礼的快乐氛围中,看着大家的笑脸,我仰望天空,天空很蓝,很纯净。

是啊,疫情其实并不可怕,可怕的是因为害怕疫情而对生活产生的犹豫彷徨动摇的心。

女儿和Anthony的婚礼,让我领略到,人生每一条路都有其跋涉的理由，迈出的每一步都有它不得不选择的目标。即使疫情当下，我们生活的每一刻，也要好好享受我们的今天。疫情似乎改变了我们的许多生活方式，但爱仍是生活中让人充满希望的永恒主题。

看着女儿和Anthony的幸福笑容，我很欣慰。我相信他们对爱的追求和努力会在他们的人生中留下印迹，因为他们心中明白，即使在疫情肆虐中，时光也是不容辜负和浪费的。

疫情中的小庭院

疫情日子,闲得发慌,心血来潮,在山宅玩起了一个庭院花园。

山宅是自然且野性的,常常看见鹿群进进出出,与山宅和谐相处着。

我欢迎这些不速之客的光临,也愿意给它们一个喝水歇息的地方,感觉生态环境本该如此。

但头疼的是,它们不懂规矩,逮什么啃什么,践踏着我和工人们辛勤种下的鲜花和果树。

我喜欢山宅有鲜花盛开的景象,曾经买了许多野花种子撒在山林中,可惜不见生长,只好又请工人种了许多不同种类的绿植和花木,却一次次猛遭鹿的啃咬,就连带刺的玫

疫情中的山宅庭院

瑰也不能幸免。

玫瑰伤心得不愿开花,白兰花的树杆因为被鹿啃了皮,枝条又被折,一下没了精气神儿,强撑着稀稀拉拉开几朵花,凑近竟然还能闻到清幽的花香。朋友推荐我种牡丹花,我却是想也不敢想。

无奈之下,每次去花店买绿植,都得仔细瞄一下说明,若有一个鹿头像,上面注明是鹿不碰的,才敢买。慢慢注意到大多鹿不吃的植物,多半开紫花,例如 rosemary(迷迭香)和 lavender(薰衣草)。

紫色偏高冷,总感觉山宅缺少了一些春的味道和温暖,所以,有一个带着春天气息,可以闻着花香喝茶、读书、听音乐的花园庭院成了我心心念念的一桩事了。

我将山宅角角落落废弃的各类大小花盆和一些绿植重新归整,又去花店和网上零零落落搜了一些花架、小装饰品,再买上一些花儿,稍加摆弄,一个可爱的花园小庭院便

展现在了我的面前。

长寿花、蟹爪兰、天竺葵、绣球花都是可以扦插的,比较好管理,花期也长,我便选了这几类花,又加了仙客来、迎春花、蝴蝶兰等,再摆上一些装饰品,喷泉固然也是不可少的,小庭院便一下热闹了起来。

心中不由想起一首歌,"春天在哪里,春天在那青翠的山林里,这里有红花呀,这里有绿草,还有那会唱歌的小黄鹂。"

年轻时候唱过的歌,总是很难忘记的。

一月的小庭院带来了春天的味道,连JJ也感受到了小庭院的情趣和惬意,难得他有兴致参与其中,和我一起设计布置,期望庭院的任何一角都能成为视线的焦点。

"小院闲窗春色深",疫情中的无聊时光,用打造一个花园小庭院来聊以慰藉,是不错的选择。

如今,庭院的一点一滴,都变成了我的牵挂。给花儿喂水,看着它们绽放,给旧植换盆、施肥,期待它们不久后重现欢欣鼓舞的姿态,一切的一切都充满着喜悦和期待。

新变种病毒omicron(奥米克戎)来得突然,好不容易恢复的正常生活,诸如一周二次的牌局、每周一次的爬山又告暂停。朋友们中也有染上病毒的,不过无大碍。有朋友告慰我说奥米克戎不过是黎明前的黑暗,春天到来之时,也是新冠结束之日。但我感觉新冠病毒挺厉害的,变形金刚似地玩弄着人类,或许此生要与之共存,生死由命了。

不过,我不在乎这些了。

花园小庭院给予我一种心境,让我陶醉眷恋,不能自持。虽然它并不完美,却让我觉得自己拥有了一处可以信任的私人风景,来维护我内心的自由和快乐。

我的花园小庭院,我的心。

看病记

我感受到疼的滋味,很疼!

开始是后脑勺有一小包,痒痒的,以为被毒蚊子咬了,没当回事。

几天后,小包蔓延了,后脑勺凹凸有致地起了一片大小包,奇痒难耐,我便将清凉油,风油精大量抹擦在上面,心想山上的毒蚊子太厉害了,我戴着养蜂人的面罩都还中枪,真是防不胜防。

后来觉得不对了,脖子前后也开始发疹块,红红的一片,耳轮上也有,而这些疹块都长在右侧,不仅痒还开始疼了。

先是右手臂内侧皮肤开始感觉很敏感,抚琴时,衣服

一摩擦就有痛感,不敢碰琴了。

后来头皮右上方也开始敏感了,怕碰触,怕梳头,有种牵一发而痛全身的感觉。

再后来电击般的疼痛一阵接一阵袭来,无法抗拒,无法防备。

"疼!疼!疼!"

更糟糕的是在右颈部还摸到一个块,触感硬硬的,不会移动,无痛感。一查网,恶性肿瘤多半是这种感觉。

心沉了一下。疼痛的折磨和硬块让我闻到了鬼门关的味道。而疫情当下,去医院看病也是有风险的,左右为难啊。

JJ看我胡思乱想便说:"没这么容易得癌!你过去挺勇敢的,上回医生误诊你肾癌,你还谈笑风生,一点不在乎的样子,如今怎么了?"

说完他便去打电话帮我约医生。

我也不知这回心情为什么这么悲催,或许上回没有疼痛折磨吧。

头又开始疼了,如上电刑,我想再疼下去,会不会疼昏过去?

疼得实在难受时,也会想到那些遭受身体无法承受的疼痛而痛不欲生之人,是否相当于走了一遭地狱?

JJ帮我约了斯坦福医院的医约,可是最早也要等到半个月之后。

急诊不敢去,万一染上新冠病毒也不好玩。

情急之下想到了Sacramento的两位医生朋友,是一对非常热情友好的夫妇,都是Kaiser的医生,也是我的杭州老乡,先生姓唐,主要由他为我看病。

电话一打便通,当即JJ开车带我前往。

两个多小时便到了。

我们全副武装,戴着口罩、眼镜及手套出现在他们面前。

或许医生见惯了病人,他们并没有像我们似的防护,唐医生甚至连口罩都不戴。

夫妇俩热情邀我们入室,我们却觉得疫情当下还是小心为是。

他们笑说没这么严重。唐医生说最近他的病人中就有十多位是新冠病毒患者,年龄最大的有八十七了,都好好活着,其实就像感冒一般。新冠病毒从他口里说出来,竟然如此的轻描淡写。

屋外骄阳当空,热得让人感觉闷在一个大火炉里,透不过气来。

终究拗不过他俩盛情,我们最后忐忑不安地进了房间,屋里明亮整洁,又有空调,感觉一下凉爽了不少。

唐医生仔细问了病由，查看了患处，又让妻子也帮我看一下，有一种会诊的气氛，心里涌起一股暖流，疼痛都减了几分。

诊断结果出来了，我得了带状疱疹，难怪这么疼！

而脖子右侧那一个块则是因为淋巴系统对病毒炎症产生反应的结果。

疼痛仍在继续。但有了医生的诊断和药物治疗，心里踏实了不少，从此不再胡思乱想。

说到底，带状疱疹病毒是早已潜伏在我们身体内的敌人，当免疫力下降时，病毒便会乘虚而入，而带状疱疹的一大特点便是疼。

有人形容说带状疱疹头疼起来就像掀开了头盖骨，有个电棒在脑洞里胡乱电击一般，是要了命的那种疼痛。也有人因为"蛇缠腰"疼得打止痛针都无效，最后疼晕了过去。人们反而觉得是好事，认为与其醒着受疼痛煎熬还不如失去

知觉的好。

  病痛之时，我总会想起已故女友Mary。那天探望她，只见院里鲜花绽放，绿草如茵，天空流云飞走，阳光灿烂，她却在疼痛中挣扎。想着她曾经如此热爱舞蹈，却被肺癌折磨得面目全非，而她从不呻吟，也不惧死，整整三年，她从未放弃过希望。想像那每一分每一秒的漫漫长夜到漫漫白昼，而她的生命每一分钟都没有确定的许诺，现在我才看见这是多么了不起的勇敢和信心。

  我非常庆幸自己有两位医生好友，及时帮我诊断治疗，免去了更残酷的疼和后遗症。不然一旦拖延，不仅要承受地狱般的疼痛，还有可能造成永久性的神经创伤，想想都后怕！

疫情种菜记

疫情宅家,闲着没事,做梦都在种菜!

我整天窝在果园、花园、菜园里忙碌。果园已成熟,一片欣欣向荣的景象。花园也不错,各种鲜花此起彼落地上台、谢幕,热闹非凡。偏偏这菜园花力气最大,却总是徒劳。辛苦地猫着腰将头发丝般的小苗一一种下,然后浇水、施肥、除草、捉虫一样不少,二个多月下来苗仍不见大,而几位朋友的菜地却已收获满满。吃着她们送我的好吃又新鲜的蔬菜,看着自己稀稀拉拉的菜地,心中不免有些惭愧。都说一分耕耘一分收获,可此理在我这儿就有些说不通。

就说那茼蒿和小白菜苗,看着种子终于发了芽,然后以极大的耐心,将菜苗们一根一根种下地,感觉和绣花没区别似的。每天浇水,每周施肥,却总不见长,小白菜没长大

快乐农妇

却开出了小黄花,茼蒿感觉又老又小,一个个东倒西歪蔫蔫地戳在地里,看来是没指望了。朋友说可能我种时伤了根,也许是季节已过,反正这些苗算是白种了。

朋友送的两株二荆条辣椒苗,长了半天,一棵苗各长一个辣椒,我未摘吃,权当做种,顺手埋入土中。今年三月看着土里冒出许多芝麻大小的芽,结果二个多月过去了,仍是芝麻般大小,原因不明。

又看见朋友晒出西红柿苗照片,一棵棵挺拔粗壮,再加朋友剪了底部许多叶子,粗眼一瞧很像是一棵棵小树苗。再回头看自己三月初就种下的西红柿苗,细细的杆,弱弱的叶片,没几寸高已开起了小黄花,真是郁闷啊。

大学同学石英也在朋友圈里发出了她种的蔬果照片,看得我满心羡慕。那生菜、甜椒据她说多得来不及吃,送给邻居仍有剩余,许多只能烂在地里当肥料。第一次听见有蛇瓜这玩艺儿,她竟种出了两条,长长的从棚顶蜿蜒向下爬,

十足的两条观赏"蛇",她老公都舍不得摘了吃。超大的葫芦瓜、丝瓜、长豇豆,神气活现地疯长,那豇豆长得都像小长瓜了。

同学圈内一片赞声。石英却说这是她兴趣所在。当年下乡所有知青的自留地都是荒掉的,唯有她的自留地生机勃勃。有一年她种了好多的红薯,不知道怎么处理,队长叫她拿去做酒,酒糟可喂猪。那年回家,她提着一桶20斤的蕃薯烧酒孝敬父亲。在酒票每家每月一斤的年代,她那个渴望每日小酌一杯的父亲抱着酒桶笑得合不拢嘴。

原来她是种植高手啊!

和她相比,我简直太小儿科了。赶紧心慕手追,资料查询,多方讨教,才知种菜是非常有讲究的,除了什么季节种什么蔬果外,种植间距,光照,浇水和施肥量一样都不能马虎。行成于思,毁于随,做好菜农也是要动脑子的,半点儿随意不得。

　　另外也终于搞清楚了每年种植之前必须翻地加基肥。一般来说,一个菜床要用上四包鸡粪和二包牛粪。然后不同季节种不同蔬果,菜床每年不同蔬果还得轮换着种,真的不容易呀。可石英说种菜其实并不难,无非就是阳光,水分和肥料,当然还要有足够的耐心。

　　我只能做些亡羊补牢的措施了。让工人帮我将菜床重新翻一下,买上些鸡粪牛粪打底,然后种上朋友送的莴苣、丝瓜、甘蓝、葫芦及扁豆等菜苗,并将西红柿盆里的土混入鸡粪,重新种一遍,再让工人新做了两个大菜床,种了韭菜、蒜苗、芋头和芹菜。

　　一切停当,只等收获。

　　等待过程最难熬,每天盯着菜苗宝宝,我不停念叨"快长大!快快长大!"

疫情被盗记

JJ和我都喜欢看战争片，尤其是二战大片。

看完后我常常暗自庆幸，庆幸我们生活在和平年代，不用去经历战争的残酷和血腥。

不曾想我们避开了战争，却未躲过乱世。

不知从何开始，平静的生活起了涟漪。

记得那年回国过春节，正好赶上中国武汉疫情大爆发。最初没当回事儿，大街小巷到处窜，餐馆吃饭，朋友聚会一如往常。直至后来情况越来越严重，商店，餐厅纷纷闭门谢客，路上行人开始戴上了口罩，才觉得大事不妙。这时回美机票也开始出现了问题，我们原先订好的回程机票，航空公司延期又延期，一时感觉回美国比登天还难。

后来总算逃难般回到了美国。记得走出机场的那瞬间,只见阳光透过云层洒在大地,满目都是希望和美好,我长长吐了一口气,觉得自己又安全了。

没想到回美还没回过神来,美国的疫情也开始全面爆发,电视新闻天天直播死亡人数,数字惊人,随后便是世界范围的疫情大爆发。

从此,我们的生活有了不寻常的变化。

禁足在家,社交距离,口罩,疫苗针,变相的软禁生活一晃便近三年。病毒变着花样玩耍人类,周围朋友开始陆续阳性,自己虽然小心防范,仍不免中招,人类对抗疫情将是一场持久战。

更糟糕的是被疫情扰乱的生活,又冒出了许多社会治安问题,光天化日之下行凶抢劫、偷盗、枪杀无辜频繁发生,而且是如此的理直气壮,法治似乎只是一张空头支票,警察也好像只是街道的一个摆设,许多人开始质疑民主党的

管理理念，失望情绪比比皆是。

前些日子，南加州连续发生的两个抢劫华人案，搅得人心惶惶。

没想到坏事竟然也接二连三地发生在自己家人身上了。

先是女儿女婿去餐馆吃饭，一顿美味后，却见汽车车窗玻璃被砸了个大窟窿，饭后的好心情瞬间如过山车般跌到了谷底。

儿子去了旧金山，为了方便，买了一辆小型摩托车（scooter），并配了一把大锁，以防被盗。结果买了没几天，出门去了一趟超市，大锁生生被撬开，小车不翼而飞。儿子怒气填胸，却又无可奈何，只能又买一辆，再配上一个超大锁。最后左思右想仍不放心，干脆扛着小车出入商场，虽然辛苦，却不用再提心吊胆了。

屋漏偏逢连夜雨，JJ公司的一个办公室竟然在一个周日也被盗了。

  那天阳光明媚，办公室却一片狼藉。小偷砸破了大门，敲碎了玻璃窗，在办公室东翻西找，最后偷了公司所有支票本和一些办公用品，仓促逃离。警察虽然也到了现场，但只是走过场而已。警察告诉JJ说，那天有一个华人针灸推拿诊所也同时遭遇盗窃。

  JJ第一时间向银行报失。虽然公司损失不大，但还是造成了一些麻烦，诸如办公室需要整理修缮，还得考虑装个监控，许多开出去的支票要取消再重开，所有账号也要取消换新账号，已偷支票得通知银行一一取消等等。不过麻烦归麻烦，至少消除了后患。

  事后，JJ曾收到过两次银行来电，都是有人拿着公司支票去取钱，数额还不小，其中还有个白人老头，他声称是朋友给他的支票。银行让他留下驾照和电话号码，他也一一照办。JJ立即将他的信息报告给警方，结果却是泥牛入海，杳无音信。或许公司被盗在警察眼里只是个小case，

不值得花精力。

疫情改变了整个人类生活，美国同样也是乱象丛生，曾经的太平盛世已成往事。俗话说"宁做太平犬，不做乱世人"。我无奈于乱世，有一种身心无处安放的疲惫。转眼想想，既来之则安之吧。

我喜欢美国的民主自由，同时也意识到自己身在其中，许多时候还得学会独立自保，比如装监控，养狼狗，学防身术，备枪支……

疫情中第一次购物

三月,终于打完了二针!打的是Pfizer。

第二针有点反应,发烧生病的前兆感,全身酸痛,头疼无力,昏昏沉沉,第二日所有症状消失殆尽,身体又舒服了。

心又开始蠢蠢欲动,旅游还不敢奢望,但想逛街,想将窗前挡住远景的一棵半死的大树找工人砍了,想买一些菜苗种上,还想去花店买一些芍药。

芍药和牡丹在我眼里都是一样的富贵美丽。不过牡丹更娇贵难打理,我便选择种芍药。

托花工去买,他说一棵一百美金。女友知道后,急急告诉我 Costco有卖,才$16美金一棵,我想花工看到的一定是牡丹,而Costco卖的是芍药,因为英语都是peony。可在中

国人眼里,芍药永远不及牡丹富贵,芍药是花相,牡丹是花王。我可不管这些,在我眼里芍药和牡丹一样美丽动人。

不能等了,心急火燎地让女儿陪我赶去Costco。

一路上,女儿说我只能在Costco买花木,不能久留。虽说打了针,但又有了新的变异病毒,万万不可掉以轻心。我连连答应着,感觉自己囚禁已久的身体,此时犹如打了鸡血般兴奋。

Costco没什么变化,与以往一样架子上放满了各种不同的物品,让人眼花缭乱。不同的是顾客和工作人员都戴着口罩,挡住了脸上的喜怒哀乐。我也不例外,JJ吩咐我戴两层口罩,我干脆厚厚地戴了三层。

步入其中一个空间,便见一大堆各色花草堆置其中,有许多芍药静候那里。我一口气拿了八盆,又顺带着拿了别样花草,还想再拿,女儿说太多了,车不好装,我才悻悻住手。

想起要买一瓶保健药，女儿说她去帮我找，乘她离开之机，我赶紧到处乱窜，看到喜欢的就往车上扔。想到最近亚裔人被抢被打的事，我本能地将手中包包紧紧抓牢，不敢像过去那样，将包和物品扔在小车上，轻松自在地购物了。

女儿发现我跑开了，急得跟她老爸告状，几分钟之内，女儿和JJ的电话，差点儿打爆了我的手机。

我不敢让他们着急，赶紧回身去找女儿，虽然已乱抓了不少物品，但心中仍感觉不够：肉和海鲜未拿，半成品食品未拿，面包未拿，水果未拿，鲜花未拿，巧克力未拿，太多太多的未拿，从来没有如此贪得无厌地疯狂购买，一个劲儿地就想着拿、拿、拿！唉，都是让这疫情给闹的！

女儿看见我，一脸的不开心，说商场购物不能超过五分钟，尤其是Costco周围这么多人，想不想活了！

其实相比过去，Costco人真的不算多，付款几乎不要排队，往日熙熙攘攘的热闹，如今已冷清了许多。

　　回到家,我得意地将大包小包的物品拿了出来,婆婆和母亲看了好生欢喜,嘴里却说既然去了,为何不再多拿些?婆婆说Costco的保鲜膜最好用了,怎么没拿?母亲说蔬菜怎么也没拿?

　　女儿说本来目的只是买芍药,没打算买这么多东西回家的。女儿不提芍药还好,一提及,我心里不免有些遗憾,嘀咕着说这芍药也没有拿够!

　　虽有遗憾,心中仍充满欢喜。感觉这样的购物,于我而言有一种庆祝重获自由的快乐。

疫情闲居的日子

疫情久了，闲居在家，我竟也慢慢习惯了这种禁锢而一成不变的生活。

外面的世界混乱而忧心：仇视亚裔的抢劫和杀戮，黑人被警察的滥杀和误杀，印度疫情大爆发，医疗系统濒临瘫痪等，看得我心惊肉跳。

受疫情限制的生活，固然会让人心生烦闷，但于我而言，唯一不受疫情影响的，就是在山宅尽情捕捉闲居的乐趣。有的是时间，可以随意体会自然界那些大大小小的情趣，是非常舒心的享受。

种植的芍药开始了鲜鲜活活的争奇斗艳，给山宅清一色的绿，增添了姹紫嫣红的色彩。偶尔飘来的一丝风雨，折断了几枝花蕾，顺手将之扦入瓶中，倒也养眼。

除了芍药，我还喜欢上了多年生蓝眼菊，Eden 爬藤玫瑰和肉肉。

蓝眼菊花朵奇特，花蕊就像一只眼睛，很是迷人。我最喜欢的还是它们五颜六色的缤纷，营造出一种热热闹闹，生机勃勃的氛围。

Eden 爬藤玫瑰奇缺难寻，网上排队抢购到两棵，却要等至六月。

肉肉和仙人掌属于少水植物，以前觉得很不起眼，只因加州雨水金贵如油，为省水，我让工人专门开辟了两小块地，种上了各式各样的肉肉。肉肉们大大小小挤在一块，感觉虽比不上鲜花好看，但非常容易打理。其中有一个品种，是朋友送的，貌似大莲花，据说冬天会开出许多铃铛式的红色花朵，我碰巧又在花店看到有卖，便捧了几盆回家，心中又有了期待。

山宅几盆仙人掌终究耐不住寂寞，争相开了花，这才

知仙人掌也有其独特的异彩。

而山宅小道上,也会有许多好看的野花,在春季的阳光下绽放,让人忍不住驻足观赏。

春天,是鸡们下蛋、孵仔的季节。

某天,听得清脆的"叽叽叽"声,只见五只雏鸡仔脱壳而出,一个个毛绒球式的,甚是可爱。只是那母鸡一见人走近小鸡仔,便跳着、叫着、扑着保护小鸡仔,护犊心情能够理解,只是吃相实在是凶得很。

某日,我突发奇想,一一打开了笼中的隔离门,让鸡们和雉鸡、孔雀共同生活一起。没想空间大了,争斗反而减少了许多,有时也见它们之间追逐争斗,但更多的时候,是和谐相处,而且雉鸡的死亡率从此降为零。联想到人类的争斗和不和谐,还不如动物们更懂得和谐共处呢。

孔雀 Bob 仍然形单影只,我行我素,偶尔见着鸡们,也会追着啄上几口,但不往死里整。只是它在春季求偶的叫

声，让人听着有几分凄美的感觉。

黑天鹅们一如既往地在水中嬉戏，每每见我近前，就会猛拍翅膀，溅我一头一身的水，调皮捣蛋的模样就像那些熊孩子。

鸡中元老黑毛乌鸡，已近十岁高龄，步履蹒跚，双眼失明，老态龙钟，却不曾遭雉鸡、孔雀、鸡们的欺负。

但也有意外的时候。一日它误进了鸭区，两只公鸭竟左右夹击，啄着它不放。可怜又老又瞎的它毫无反抗之力，趴在地上任由欺负。幸亏被我撞见，将它救下。它当时已被欺负得站立不稳，羽毛凌乱，样子十分狼狈。为了安全，我只好将它单独关养，几天功夫，它又活了过来，竟然还下了个蛋。

山宅的喷泉吸引了各种美丽鸟儿，举着望远镜，它们在林中嬉水歌唱的可爱模样尽收眼底。

也常常有一群火鸡光临，大模大样在山宅闲逛，也不怕人。

一只仙鹤也来凑热闹，天天光临锦鲤池，偷窥着鸡儿们，伺机下手。

偶尔也会有一群鹿在林间跑过，我不由担心种植的花木是否会遭破坏。

每天都有新奇，日子过得飞快。

艾米莉.狄金森说过："花朵和书籍，是抚慰悲伤的良药"。

我觉得山宅同样也是抚慰伤痛的良药。

山宅中最快乐的时光还属劳作。除草、施肥、种植的过程，可以让人尽情忘却一切烦恼。

每天在山宅劳作是一件快乐的事。但为了保护关节，我还是请了一位工人天天帮我在花园、动物园、菜园中忙碌。可习惯劳作的我，忍不住还是时不时忙活在小草小花和动物身边，只有这样我才能暂时忘却疼痛，心情也会舒畅不少。

JJ打趣我，说我自己折腾得不够，还找个师傅相伴来折腾。

可不是吗，在山宅闲居，所谓的折腾，不就是自由取乐，让一颗闲置的心，安放在山林间，像布置一间房屋一般去布置山宅空间。以房子为中心点，在四周光秃的地皮上，栽种上各式花木，并将花木分门别类为芍药区、肉肉区、君子兰区、玫瑰区、桃花区、盆栽区、枫叶区、果园区、蔬菜区，各区之间安置一些喷泉、瀑布、锦鲤池、莲花池、小竹林、圆木小亭，人在其中，自然安定，而这样的闲情逸趣也只能在妥贴之后才能获得。

在山宅，我常常像一个搬运工，将一些花木、盆栽和肉肉搬来搬去，搬至几回，慢慢会发现心仪的场景终于出现了。这时捧着一杯咖啡，上下行走观赏，又是几天的快乐。

其实疫情中的闲居也没什么可怕。

久违的雨

秋末,终于有了一场久违的大雨。

据说是旧金山的天边漂来了一片"大气层河流"。

山宅这些年一直困于水紧,感觉动物和植物们每天都在翘首期盼着痛痛快快喝一通水,欢欢畅畅淋一下澡。

旧金山近年遭遇百年大旱,家家必须控制用水。我每每会将洗完东西的水小心倒入桶内,然后提着去浇门前的花儿。天鹅池换水一周一次变成二周一次,池水也放浅一半,池子里的脏水也不轻易放弃,在泵上接一个大粗管,让工人如举着冲锋枪似地在山坡上浇灌果树。菜园、果树、花木都要定量喂水,有些植物因为喝不够水,长得蔫蔫的,打不起精神来。杏树、枣树、苹果树、柿子树,都开始了罢工示

威,不在树上挂果。可恶的地鼠还来捣乱,渴了便"嘎吱"一下咬破水管偷喝水,水管漏了,湿了一大片地,野花野草们立马欢欢喜喜,争先恐后地冒出了地面。

有时我实在不忍心,除了定时定量浇水外,还悄悄抓起水管选择性地为一些果树人工浇水,却常常因为JJ一声咳嗽,惊得丢下水管,因为他会时时警告我说,政府会因为我用水过度给吃罚单,甚至还会限制我们用水。

山宅本有两口深井,每逢雨季,雨水便会沿着山脉汇聚井内,山宅的花木果树一直靠这二口井水支撑活着,否则,用自来水浇灌,水费会是天价。

这次大气层河流带来的及时雨,让我和JJ兴奋不已。JJ松了口气说,至少不用担心山火了。

这几年,疫情加天旱,年年有山火的新闻,闹得人心惶惶。记得有一次邻近山头闹火灾,山宅这边还时不时会捡到飘飞过来的一些焦叶,让我不胜担忧。

　　这场暴雨下得痛快，一股脑地将山宅冲刷一新，地面因湿润而变得松软，是种植的好机会。我赶紧和工人一起动手清理菜园，翻地，施肥，种下了蚕豆、芋头、莴苣和蒜苗，顺便又买了两棵台湾番石榴和冰淇淋树苗种下。植物因为喝饱了水，又振作了起来，水灵灵的格外可爱。我心想，年年有一场这样的大雨该多好啊。

　　不过大雨也是一把双刃剑。雨水滋润了山林，却也无情地摧残着山宅，天鹅池顶的一棵大树被活生生吹折了腰，先是挂在另一棵大树上，还没等我找到工人清理，便一头栽进天鹅池顶，撞断了一根木梁，树叶纷纷落下，满地的残枝败叶。

　　雨后的林子还会见到一群群飞舞的白蚁，白乎乎的像雪片般到处飘飞。据说，当雨水渗透进入泥土中，白蚁会集体飞出他们栖息的土壤，开始它们的交配季，有时还会在地面留下透明的翅膀残留物，看着瘆人。

　　但雨水终究还是给我带来了好心情，期盼已久的雨水

不仅滋润植物茁壮成长,还洗刷了山宅大半年积下的尘垢。从家中的客厅望出去,雨后的山林,山下小镇的红砖建筑和教堂的小白塔,如同重新勾勒了轮廓,异常清晰。

"滴滴答答"的雨水,还营造出一个特别安宁的氛围,常常让我在雨声中欢喜入梦。

我欣赏雨的天空,雨水在天空作画,几笔泼墨,光影交错,虚实相间,让人不由自主地在内心深处空出一方宁静澄澈的天空来。往往在这种时候,我很容易给自己找到一个很隐蔽,很自我,很放任的空间,尽情享受独处的寂寞。

独处时可能寂寞,也可能不寂寞。

这场暴雨洗涤了疫情以来的困惑和混沌,心忽然清亮起来,好像又萌动了生活的勃勃生气。

生活就是这个样子

从山宅的窗口,可以眺望很远很远,远到天际,那里朦朦胧胧一片,我的心"噌"一下便飞去了那里。

远离尘嚣的感觉真好啊!

此时的我贪婪地享受着和自然交融的时光,思绪时有时无地飘荡在云端,一切来自人间的执念瞬间烟消云散了。

人世间的繁华和美好,邪恶与无奈,在宇宙自然中缘于尘土归于尘土,留恋也罢,看破也罢,想明白了终是虚无一场,人无非就是宇宙万物中的一缕烟,一飞尘,人生就是一个梦。

最近湾区气候诡异。那夜飙风吹得几乎掀翻屋顶,恐怖而瘆人。半夜起身望着窗外,只见远处有几束蓝色的光,

蓝光跳跃了片刻,又变成了一片红光,像礼花般灿烂,瞬间又消逝了,整个城市顷刻隐没于黑暗之中,人间烟火顿然消失。除了狂风的呼啸,是一种异乎寻常的安静,才发觉那是停电后一切都归于静止状态的原因。

早春二月,仍然多事又动荡。大到土耳其地震,美国俄亥俄州一列载有危险化学品的货运列车发生火灾与爆炸等,小到家中诸事不断,一地鸡毛。

母亲因摔跤元气大伤,大多时候卧床不起,偶尔动一下,便抱怨"腰断了似的疼"。儿子手术后一直发烧,因为不能进食,一下掉了十几磅,腰瘦成了拳头般大,脸却肿得像个大头娃娃,让人瞅着心疼。

这些日子开始听书,不知为何选择了《鼠疫》,法国作家阿尔贝·加缪的长篇小说。

朗读者的声音磁性好听,我常常听着书进入梦乡。梦里又是一番景象,时好时恶,身心存放在另一个虚幻世界。

许多梦都不曾记住,却有一个诡异的画面让我惊醒并永远留存在了大脑皮层。

梦中的我在黑暗中往窗边走去,不料却被窗上贴着的一个人形惊住了,只见那人像蜥蜴般趴在窗上,眼睛直勾勾地盯着我,我恐怖万分,只想一脚将他踹了下去,腿却沉得抬不起来,我发出绝望的"呜呜"声,吵醒了身边的JJ,他握着我的手,轻轻问我"做恶梦了?"这才将我从梦境中拉了回来,却仍惊魂未定,一身冷汗。都是让美国治安混乱给闹的。

又想起了《鼠疫》,该书出版于1947年。小说中贯穿着人与鼠疫搏斗的故事,生离死别的哀歌、友谊与爱情的美丽,淋漓尽致地书写着那些敢于直面惨淡人生、拥有"知其不可而为之"精神的勇者,而小说中描述的封城情景和人们面对鼠疫的恐惧心理,和我们面对的新冠疫情以及中国的新冠清零状态竟如此相似。

梦与现实永远交替进行着,有时很难辨别梦境与现实孰真孰假。

无论是好梦还是恶梦,无论现实中的好事还是坏事,只有保持一颗平静而稳定的心情泰然面对,才是保证自己快乐生活的前提。

不知从何时起,我的心已不为世俗所烦恼,相信没有过不去的坎,一切终将会过去的。无论是虚是实,自然界的一切终有因果轮回,哪怕走到生命的终点,也不过是回到了生前的原点而已,而生前又是一个无法探知的虚幻世界。

我欣赏《鼠疫》小说中那些勇敢的人们,不绝望,不颓丧,在疫情中奋起反抗,那一幅幅在绝望中坚持真理和人道主义精神的画面深入我心。

生活再艰辛,也要勇敢面对。

这几天,我们生活的城市洛斯加托斯竟迎来了一场罕见大雪。许多大树被雪压的弯腰断枝,电线杆也被压塌,也

有一些居民住宅大面积停电。雪景虽美,但也带来一片狼藉,这就是生活实景。

记得"生活该有的样子"歌词中有一句是这样写的:"倔强生长的自由都在被现实打磨,再色彩斑斓的生活,关了灯,只剩黑色。"

想明白了,人生就是一场如梦的旅程。

林中的风,只有听见,才知清风拂面的美妙,天空的太阳,只有看见,才能感受光芒的温暖,山间的月亮,只有凝望,才会明白"人生得意须尽欢,莫使金樽空对月"的酣畅诗境。

我们只有放下心中的烦恼,不畏艰难,用心地活在当下,用心地观赏每一处风景,用心地感受花开花落,用心地做好自己,世界万物才会为我而活,因为心到之处,我们的存在才有了意义。

百读不厌的承诺

"嘘——"

"不要太大声!"

不是不想庆生,只是心虚而已。

一到耳顺之年,样样都已放下,气顺了许多,争强心情早就荡然。只是每每生日来临,提醒着前方有限的日子,心里不免有点失落。

儿子不谙事,仍大声唱着生日歌,眼神却狐疑地盯着我。我只好开玩笑说,年龄大了,对生日反而要小心,歌声太响,万一给阎王殿的小鬼听见了,生死薄上大笔一挥,我就得走了。

儿子一听,惊得将嘴画了个圈,声音戛然而止,接着

开始屏着气轻声继续唱了下去。

小时候,日日盼着过生日,如今再也找不回原来的滋味了。年轻时激情高昂地唱着"明天会更好",如今只能聊以自慰地告诉自己,今天是最好,必须要珍惜,因为你不知道明天会发生什么。

我的生日和中国年及情人节离得很近。但疫情中的生日想要出外游玩是不敢想了,只能天天和家人在山宅感受节日的气氛,但心里仍不时会涌出莫名的烦躁。

或许是禁足太久的缘故吧。

从去年至今年,几乎足不出户,虽然安于山宅世外桃源的生活,但时间长了,不免会生出些许惆怅,实在是太想念曾经的旅游,聚会,打牌,美食,自由出行的日子了!

这几日,终于忍不住出了两趟门,透透气。

第一次出门,是因为朋友微信给我,说他家母狗生了

一窝小奶狗,共九只,先天不足夭折了二只,还剩七只。那狗品种是 Border Collie(边境牧羊犬),属于狗中最聪明的品种。朋友说,若我喜欢,可以抱养一只。

我因家中已有一条爱犬 Lyla,无意再养新狗。不想女儿来了劲,她一直想养一条 Border Collie,所以央求我抱一只回家,由她负责训练喂养,我答应了。

那天,和儿子、女儿一起去朋友农场挑选小狗。

驱车行驶在高速公路上,目睹窗外掠过的野外风景,我竟然有一种久违的故地重游之心情。

到了朋友的农场,只见黑油油的大片土地上,有几台散落在田间的拖拉机,显示了朋友想大干一番的架势。

朋友原本是IT行业的,前些年在中国创业成功,如今又带着家人玩起了农场。

一下车,一对狗父母便带着小狗们来欢迎我们,一大

群狗们窜上跳下的,好不热闹欢快。

二月的阳光暖哄哄的,初春的气息扑面而来,这里处处生机盎然,我那沉寂已久的心也随之萌动了起来。

小奶狗真是可爱呀。有毛色黑白相间的,有褐黄色的,有白头黑身的,特别是小家伙们笨拙地追着狗妈妈,在母狗肚皮下抢着奶头,边跑边吸奶的模样,萌呆了。

女儿在几只小狗中挑了半天,她强调说这狗是要和她生活十五年的,缘分非常重要。

白头黑身的最活络聪明,但太好动,又黏人,不易调教,女儿放弃了,褐黄色的又太独立安静,女儿感觉和人不够亲近,也放弃了。最后挑中那只毛色黑白相间的,只因它不停地用舌头舔着女儿的脸。

农场除了种植农作物,还养了鸡鸭,鸽子和山羊。我顺便送了一对大鹅去,鹅声响亮,那里更热闹了。

朋友对我说山羊已怀孕,生出小羊羔会送我两只养着玩。小鸽子也孵出来了,也会送我两对。未曾想到来这里挑一只小狗,还外加这么多惊喜。

我对他说,我特别喜欢他种的西瓜,汁甜肉脆,水分又多,是我吃到的最好西瓜。他说今年会种一大片。

他带我们去参观了育苗的暖房,那里密密麻麻长满了绿绿的西瓜苗,我心里不由盼望夏天早日到来。

再次出门便是打疫苗。一年多的禁足,几乎没有在人群中混过。第一次在疫苗站见到这么多人,感觉又回到了曾经熟悉的生活之中,哪怕和陌生人的一声招呼,一份表格,一个藏在口罩后的笑容,以及撸起袖子,让护士将针液注入皮下的感觉,都会让我心生欢喜。这和网上与人互动的感觉是不同的,说到底,人还是有社会性的,或许我在家真的憋太久了。

2021的二月是特殊的,并非我的生日,中国年和情人

节带来的与以往不同的体验,最重要的是,二月里的两次出门,让我深深感受到,过去习以为常的生活,在疫情的非常时期中竟会如此美好和奢侈,正如只有经历过战争的人,才会体会到和平的来之不易和幸福。

  又想起JJ给我的生日卡中的一句话,"我们的生活无需波澜壮阔,但需要静谧、安定、舒适,略带一些烟火气。我们要放宽心,去烦恼,待疫情过后,二人相依,云游四方,这是我对你的承诺。"

www.ingramcontent.com/pod-product-compliance
Ingram Content Group UK Ltd.
Pitfield, Milton Keynes, MK11 3LW, UK
UKHW042003230426
12048UKWH00009B/509